Die Kunst, aus der Hand zu lesen

information
ht

Alles im menschlichen Leben geschieht mit der Hand, geht durch die Hand. Sie ist es, die neben dem alles steuernden Gehirn den Menschen erst zum Menschen macht. Wie kein Mensch einem anderen vollkommen gleicht, so gleicht auch keine Hand einer anderen. Näheres hierüber und über die Handformen finden Sie auf Seiten 12–24.

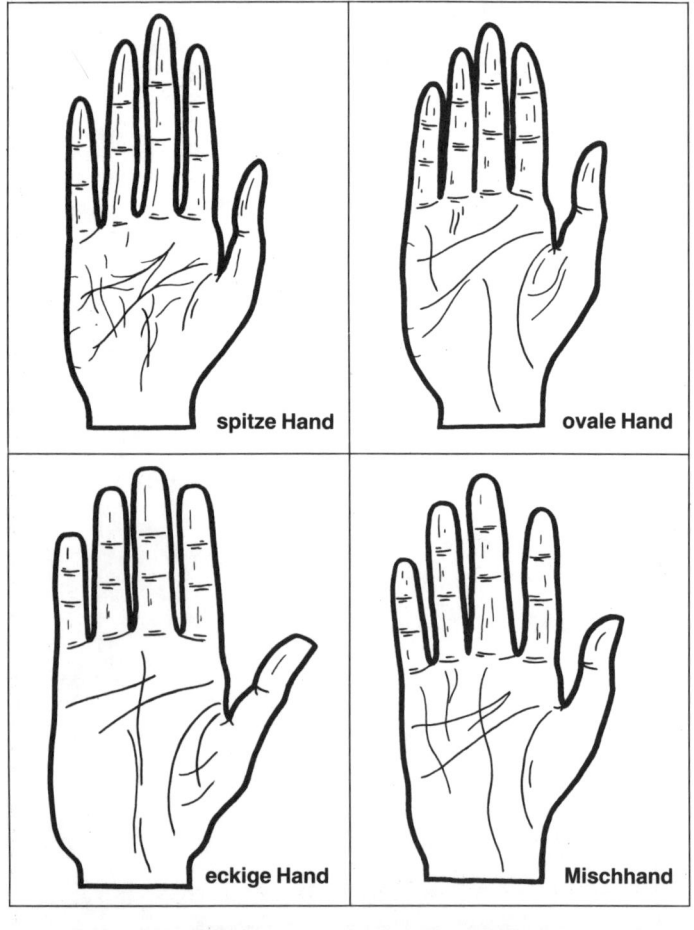

spitze Hand

ovale Hand

eckige Hand

Mischhand

Die Kunst, aus der Hand zu lesen

Von Henner Ertel

Humboldt-Taschenbuchverlag

humboldt-taschenbuch 483
Alle Zeichnungen im Innenteil des Bandes: Ulrike Ertel, München

© 1984 by Humboldt-Taschenbuchverlag Jacobi KG, München
Druck: Presse-Druck Augsburg
Printed in Germany
ISBN 3-581-66483-6

Inhalt

Einleitung

Die Handlesekunst – auch Chirologie genannt – ist eine nach Erfahrungsregeln aufgebaute Methode, den menschlichen Charakter, seine Anlagen und Fähigkeiten aus den Zeichen in der Hand zu erkennen.

Sie ist so alt wie die Kulturgeschichte der Menschheit. Die ältesten Aufzeichnungen sind über 5000 Jahre alt und stammen aus China, Indien und dem Nahen Osten. Bei den Chinesen wurden die Linienzeichnungen der Hand als charakterologisches und physiologisches Dokument betrachtet. Den Indern dienten sie neben der Charakteranalyse vor allem zum Erkennen von Krankheiten. Die Babylonier und alten Ägypter benutzten die Hand zur Schicksalsdeutung. Sie sahen in ihr eine Verbindung zur Astrologie und gaben deshalb den Merkmalen der Hand die heute noch gebräuchlichen Namen der Planeten und Sterne. Unter dem Einfluß der nahöstlichen Handlesekunst entwickelte sich die »wissenschaftliche Chirologie« der Antike, deren Schwerpunkt im Hellenismus lag. Die griechischen und später auch römischen Physiognomiker haben sich in zahlreichen Schriften eingehend mit der charakterologischen Bedeutung der Hände und Finger auseinandergesetzt. Aus der langen Tradition der Antike und der astrologisch-astronomischen Literatur der Araber und Juden begann sich ab dem 9. Jahrhundert die Chirologie auch in unserem Kulturkreis durchzusetzen. Sie war bis ins späte 18. Jahrhundert eine weit verbreitete und anerkannte Wissenschaft, die gleichwertig neben Philosophie, Medizin und anderen Wissenschaften an den europäischen Universitäten gelehrt und praktiziert wurde.

In unserer heute so aufgeklärten Zeit wird die Handdiagnostik gern als wissenschaftlicher Aberglaube oder Unsinn hingestellt. Trotzdem besitzt sie für die meisten Menschen eine häufig uneingestandene Faszination. In die Nähe des Aberglaubens wird die Chirologie vor allem dadurch gerückt, daß sie immer noch zur Wahrsagerei mißbraucht wird. Dürfte es ohnehin kaum möglich sein, mit welcher Methode auch immer, exakte Zukunftsaussagen zu machen, so ist die Handdiagnostik hierfür jedenfalls ungeeignet. Die Tatsache, daß die Handlesekunst nicht nur viele tausend Jahre überdauert, sondern sich auch in den verschiedensten Kulturkreisen teilweise unabhängig von einander entwickelt hat, mag darauf hinweisen, daß sicher mehr als nur Aberglaube dahinter steckt. Es ist zwar immer noch nicht möglich, alle Zusammenhänge und Wechselwirkungen der psychischen Struktur eines Menschen und seiner Handfläche zu erklären. Als erwiesen gilt aber heute, daß sich viele seelische Eigenschaften bestimmten Merkmalen und Zeichen der Hand zuordnen lassen. Aber nur die Analyse der Handfläche in ihrer Gesamtheit kann brauchbare Charakterskizzen liefern, aus der sich Stärken und Schwächen eines Menschen erkennen lassen – die wiederum für die Lebensbewältigung und damit die persönliche Zukunftsgestaltung wegweisend sein können. Ein Zeichen allein sagt überhaupt nichts aus. Zeichendeuterei zur Charakterbestimmung ist deshalb, wie auch bei anderen psychologischen Testverfahren, sinnlos.

Die neuesten wissenschaftlichen Untersuchungen in aller Welt lassen hoffen, daß die heute noch ungeklärten Fragen in nächster Zukunft gelöst werden und dann ein in allen Fragen abgesichertes Lehrsystem der psychologischen und medizinischen Handdiagnostik vorgelegt werden kann.

Dieses Handbuch ist als Arbeitsbuch gedacht. Die heutigen Erkenntnisse der modernen Handdiagnostik werden in kurzer allgemeinverständlicher Form dargestellt. Die praxisorientierte Testmethode ermöglicht es auch dem Anfänger, sofort eine gesicherte Handdiagnose zu erstellen. Dazu müssen Sie nur lernen, die verschiedenen Linien, Berge und Zeichen der Hand zu erkennen und eindeutig zu bestimmen. Mit diesem neuentwickelten Testverfahren erhalten Sie überprüfbare psychologische Aussagen, die Sie mit den Ergebnissen anderer psychologischer Tests oder Ihrem persönlichen Wissen vergleichen können.

Die Bedeutung der Hand

Alles im menschlichen Leben geschieht mit der Hand, geht durch die Hand. Sie ist es, die neben dem alles steuernden Gehirn den Menschen erst zum Menschen macht. Wie kein Mensch einem anderen vollkommen gleicht, so gleicht auch keine Hand einer anderen. Dies mag auch die besondere Bedeutung der Hand erklären, die sie schon seit den frühesten Zeiten der Menschheit hatte. Eine Bedeutung, die über ihre bloße Aufgabe als Greifwerkzeug und Sinnesorgan weit hinausging, wie sich aus den zahlreichen Handabdrücken der Höhlenmalerei auf der ganzen Erde entnehmen läßt. Man suchte in ihr magische Kräfte und die Geheimnisse des Lebens. Und so wurde sie schon sehr früh zum Ausgangspunkt für Schicksals- und Charakteranalyse – zur Repräsentantin der Persönlichkeit. Die der Hand zugemessene Bedeutung wird noch heute beim Handschlag, Gebet, Eid oder der Heilung durch Handauflegen deutlich. Tatsächlich kommt der Hand für die stammesgeschichtliche und individuelle Entwicklung des Menschen eine Schlüsselrolle zu. Ihre enge Beziehung zum Geistigen zeigt sich auch in der Sprache. Wörter wie »greifen, begreifen, erfassen, behalten, faßlich« und viele mehr, lassen sich alle von der Hand ableiten. Für den Menschen – nicht nur als Kind – ist es äußerst wichtig, die Dinge, die ihm begegnen, anzufassen, um deren Struktur und Charakter begreifen zu können. Beim Kind steht zunächst das Lernen mit den Händen im Vordergrund. Erst wenn es genug »erfaßt« und damit »begriffen« hat, ist es in der Lage, auf der Basis dieser Erfahrungen abstrakt weiterzulernen. Aber nicht nur der Bereich des Denkens wird mit Begriffen aus dem Bedeutungsumfeld »Hand« bildhaft beschrieben, sondern auch der der Gefühle. So kann man von Ereignissen ergriffen oder berührt sein, sich fesseln oder packen lassen. Die vielseitige Bedeutung der Hand zeigt sich weiter darin, daß sie seit eh und je zum Zählen und zum Messen benutzt wird. Woraus sich Begriffe wie »Zoll, handvoll, handbreit, fingerlang, daumendick« usw., oder aus der Handbewegung die Zeitmaße »im Handumdrehen, kurzerhand, von langer Hand vorbereitet« entwickelt haben.

Kant hat die Hand deshalb nicht umsonst als das äußere Gehirn des Menschen bezeichnet. In der Tat ist die Hand für die Ausbildung der Gehirnfunktion besonders wichtig. Über die Hand tritt der Mensch in unmittelbaren Kontakt mit seiner Umwelt und begreift somit die Dinge, die er seinen Wünschen gemäß gestalten will. Der Verstand erhält über sie ständig neue Informationen, die er für die weitere Verbesserung der Handtätigkeit verwerten kann. Wenn also große Vielseitigkeit und Fertigkeit der Hand aus einem Wechselspiel mit dem Geist resultiert, so können Schulung oder Vernachlässigung der Geschicklichkeit der Hand entweder einen fördernden oder ungünstigen Einfluß auf die geistige und seelische Entwicklung nehmen. Die Erfahrung bestätigt im allgemeinen, daß die körperliche immer mit der geistigen Wendigkeit einhergeht und äußere Schwerfälligkeit meist einer inneren entspricht. Aus dieser so bedeutenden Funktionseinheit zwischen Gehirn und Hand haben sich im Laufe der Evolution auch die Felder der Gehirnrinde, die der Hand und den Fingern zugeordnet sind, viel ausgedehnter und differenzierter entwickelt als die der anderen Organe. So sind die Handfelder im menschlichen Gehirn um etwa das Zehnfache größer als die der Fußfelder. Wobei der Daumen fast ebensoviel beansprucht, wie die übrigen vier Finger zusammen. Die bekannte Eigenständigkeit des menschlichen Daumens resultiert also nicht nur aus seiner besonderen Größe und Mechanik, sondern aus der Größe und Differenziertheit seines Gehirnfeldes. Erst die Handfelder auf der Gehirnrinde – die »Hirnhand« –, die im Verhältnis zur Größe des menschlichen Gehirns übermäßig ausgedehnt ist, macht die im Vergleich zum übrigen Körper recht kleine »Körperhand« zur eigentlichen Hand des homo sapiens. Mit ihr muß er sein Leben bewältigen, sich mit der Umwelt auseinandersetzen. Dies erzwingt Übung und Steigerung der Denkfähigkeit. Die Freiheit und Bewegungsfülle der Hand entspricht der Freiheit des Denkens und Handelns. Mit ihrer dialektischen Objektbeziehung, dem ständigen Wechselspiel zwischen Empfinden, Erkennen einerseits und Reagieren, Handeln andererseits, ist sie Symbol des menschlichen Seins.

Wie die Handlinien entstehen, ist bis heute noch nicht eindeutig geklärt. Daß die Vorgänge des Zentralnervensystems in den Handfurchen wiedergegeben und die Linien und Berge nicht Bewegungsspuren der Hand sind, gilt als gesichert. Eine Hypothese sagt, daß die Linien Spuren von Gehirnreaktionen sind und daß die Handnerven durch ständige Vibrationen auf das Unterhautzellgewebe der Hand einwirken und dadurch deren Struktur beeinflussen. Sowohl über längere Zeiträume, als auch plötzlich sind Veränderungen der Handzeichnungen möglich. Dies geschieht immer im Zusammenhang mit grundlegenden, dramatischen oder glücklichen Ereignissen im Leben eines Menschen. Diese Veränderlichkeit der Handzeichnungen ist vor allem ein sehr überzeugender Beweis für deren Zusammenhang mit charakterologischen Fakten. Bei jedem Menschen sind normalerweise drei oder vier Hauptlinien vorhanden, die sich im Laufe des Lebens mehr oder weniger ändern, und zwar in ihrer Ausprägung, Deutlichkeit, Länge oder im Verlauf. Das Fehlen mehrerer Hauptlinien ist häufig mit irgendwelchen Störungen verbunden. Während Veränderungen der Hauptlinien also immer besonders bedeutsam sind und meistens sehr langfristig vor sich gehen, kommen Veränderungen der Nebenlinien viel häufiger und schneller vor.

Linien, Berge und Zeichen in der Hand

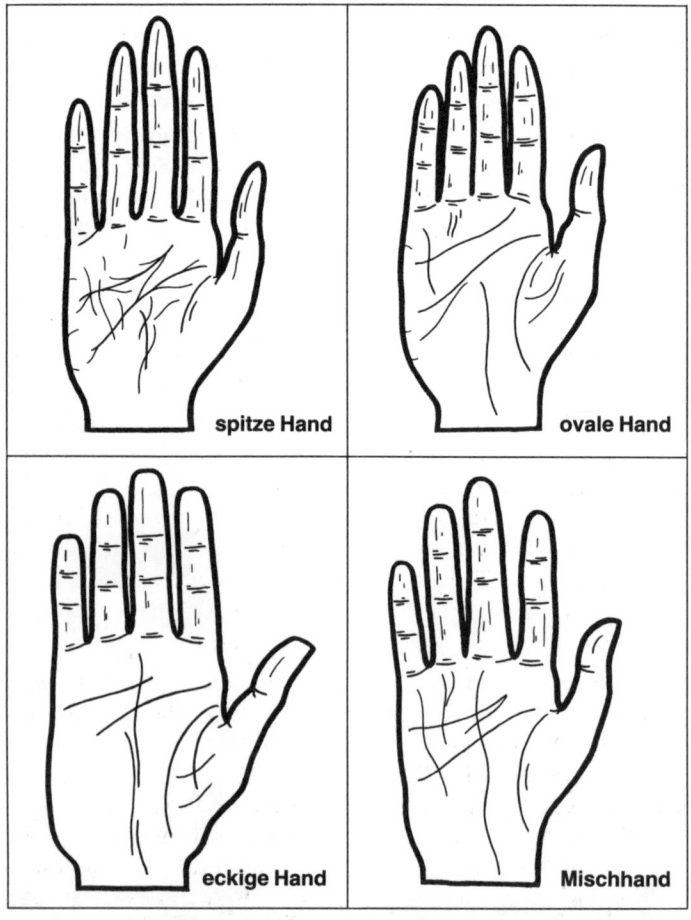

spitze Hand

ovale Hand

eckige Hand

Mischhand

Bevor Sie mit der Handanalyse beginnen, müssen Sie sich mit den wichtigsten Linien, Bergen und Zeichen der Hand vertraut machen, denn das richtige Erkennen und Bestimmen der verschiedenen Merkmale ist Voraussetzung für eine korrekte Handanalyse.

Handform

Bei unserer Handanalyse unterscheiden wir zwischen drei Handgrundformen und einer Mischhand.

Die **eckige Hand** ist in ihrer Grundform fast rechteckig. Die Finger sind relativ gerade und kräftig. Sie ist von allen drei Grundformen die breiteste. Die Fingerenden sind entweder rechteckig oder leicht abgerundet, aber nie spitz. Eine solche Hand weist immer auf einen Tatmenschen hin, mit praktischer Veranlagung, der, wenn es sein muß, zupacken kann. Er liebt die Auseinandersetzung und den Kampf. In allem, was er tut, ist er gewissenhaft und diszipliniert.

Die **ovale Hand** ist in ihrer Grundform eiförmig. Ihre breiteste Stelle liegt im Bereich der Fingerwurzeln. Zeigefinger und kleiner Finger, manchmal auch der Ringfinger, sind leicht einwärts gebogen. Die Fingerenden sind meistens abgerundet. Ein Mensch mit so einer Hand scheut jede Art von Auseinandersetzung. Er ist vielseitig und empfindsam. Im Widerstreit mit seinen Gefühlen und seinem Verstand, neigt er gelegentlich zu leidenschaftlichen Ausbrüchen.

Die **spitze Hand** hat eine kegelförmige Grundform und läuft nach vorn mehr oder weniger spitz zu. Ihre breiteste Stelle liegt über dem Handgelenk. Sie ist die typische Fingerhand mit glatten oder feinnervigen Fingern. Die Fingerenden sind spitz, gelegentlich abgerundet, aber nie eckig. So eine Hand gehört einem sensiblen phantasiebegabten Träumer, der sich leicht in wirklichkeitsfremde Illusionen verliert. Ihm fällt es nicht immer ganz leicht, mit den alltäglichen Dingen des Lebens fertig zu werden.

In der Praxis gibt es natürlich ganz selten diese drei Grundformen in reinster Ausprägung. Die meisten Menschen haben von den drei Grundformen mehr oder weniger verschiedene Merkmale, wobei aber eine der Grundformen meistens dominiert. Sie müssen bei Ihrer Analyse ermitteln, welche der Grundformen am deutlichsten hervortritt. Dabei kann Ihnen manchmal auch die Betrachtung der Fingerenden behilflich sein. Wenn Sie keine der drei Grundformen erkennen, hat der Betreffende eine **Mischhand**. Es handelt sich dann um einen Menschen mit guter Anpassungsfähigkeit und sachlichem Denkvermögen.

Die **Größe der Hand** ist natürlich von der Größe des Betreffenden abhängig. Bei normaler Körpergröße gilt für die durchschnittliche Länge vom Mittelfinger zur Handbasis und die Breite gemessen bei den Fingerwurzeln: bei Männern 18,4 mal 8,5 und bei Frauen 17,8 mal 7,7 Zentimeter.

Gliederung der Hand

Nachdem Sie die Grundform und Größe bestimmt haben, betrachten Sie die Gliederung der Hand.

Zunächst das **Finger-Handflächenverhältnis** (Abb. Messen an der Hand). Wenn die Finger höchstens zwei Zentimeter kürzer sind als die Handfläche, sind sie normal lang. Gemessen wird von der Spitze des Mittelfingers bis zur Fingerwurzel und von dort noch mal bis zum Handgelenk. Bei einer **Fingerhand** haben die Finger fast die gleiche Länge wie die Handfläche. Ein solcher Mensch lebt vor allem aus dem Bewußtsein und ist sehr verstandesbetont. Ist die

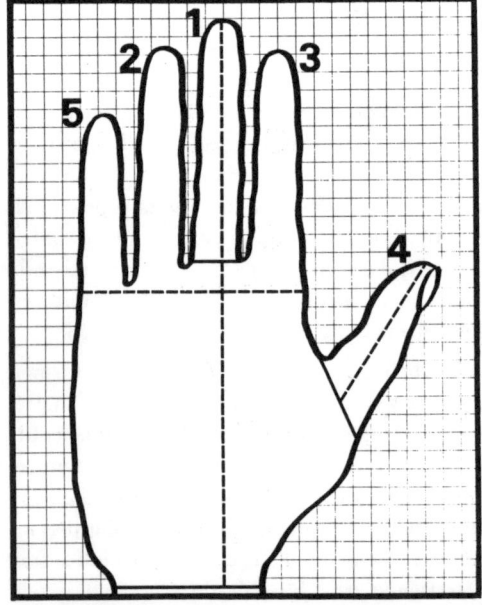

*Messen
an der Hand/
Fingerformel*

Handfläche besonders betont oder mehr als zwei Zentimeter länger als die Finger, lebt ein solcher Mensch stärker aus dem Unbewußten und den Kräften der Natur. Ist die Handfläche sehr hügelig, haben wir einen Menschen vor uns, der sehr empfänglich für sinnliche Eindrücke ist. Bei einer sehr zerfurchten Handfläche kann man auf ein bewegtes Innenleben schließen.

Nach dieser Zweiteilung der Hand gliedert man die Handfläche und dementsprechend die Finger in drei Zonen (Abb. Handzonen). Ist die **Instinkt- und Körperzone** (1) im unteren Handdrittel beziehungsweise im dritten Fingerglied besonders betont, handelt es sich um einen Menschen, der ausgesprochen vital und dynamisch ist. Der genau weiß, was er will.

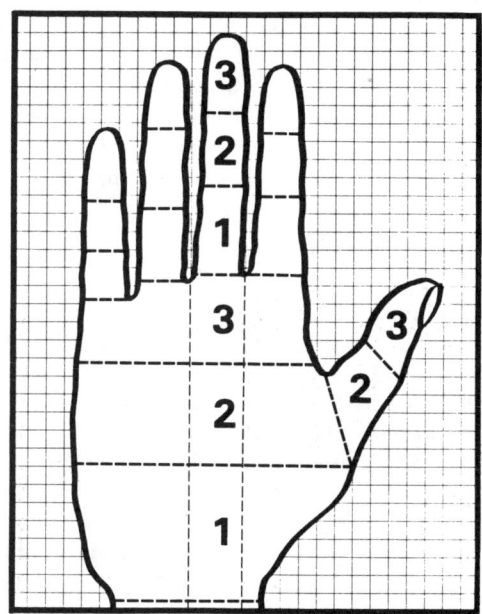

Handzonen

Ist die **Verstandeszone** (2) im mittleren Handdrittel beziehungsweise im zweiten Fingerglied besonders ausgeprägt, so dominiert bei diesem Menschen der Verstand. In allem, was er tut, ist er sehr nüchtern und kritisch.

Tritt besonders die **Gefühlszone** (3) im oberen Handdrittel beziehungsweise im ersten Fingerglied heraus, spielt bei diesem Menschen im Leben das Gefühl eine entscheidende Rolle. Vernunft und Logik sind nicht unbedingt seine Stärke.

Eine besondere Bedeutung hat noch die **Handmitte**. Sie kann glatt und ohne viele Linien, aber auch zerfurcht, mit Linien übersät sein. Sie ist ein Abbild der inneren Kämpfe, die ein Mensch mit sich und seiner Umwelt führt. Sie zeigt, wie man mit seinen seelischen Spannungen und unbewußten Ängsten fertig wird.

Finger

Nach dieser ersten Gesamtschau betrachten Sie nun die Finger. Bei den Fingern achten wir vor allem auf die Länge, aber auch auf die Betonung durch besondere Merkmale auf den Fingern. Die Fingerformel lautet: Mittelfinger am längsten, Ringfinger zweiter, Zeigefinger dritter, Daumen vierter und der kleine Finger am kürzesten. Als weiterer Bezugswert gilt: Wenn der Mittelfinger zirka acht bis neun Zentimeter lang ist, sind die Finger normal lang. Ein durchschnittlicher Daumen mißt fünfeinhalb bis sechseinhalb Zentimeter. Der normale kleine Finger sollte immer schmaler sein als die anderen Finger, er reicht etwa bis zum obersten Gelenk des Ringfingers.

Der **Daumen** steht für Vitalität und Leben, er sagt viel über die elementaren Kräfte und innere Stabilität eines Menschen aus.

Der **Zeigefinger** als Ich-Finger ist Sinnbild des Selbstbewußtseins und der Macht. Er gehört zur aktiven ichbetonten Seite der Hand und ist schon geistiger als der Daumen. Tatmenschen haben immer einen betonten Zeigefinger. In der klassischen Chirologie heißt er deshalb auch Jupiterfinger.

Pflichtbewußtsein und Verantwortungsgefühl symbolisiert der **Mittelfinger**. Als Finger des Ausgleichs und der Mitte zwischen Ich und Du verkörpert er das Prinzip der Ordnung und Objektivität. Er wird auch Saturnfinger oder Finger des moralischen Über-Ichs genannt. In ihm zeigt sich das Streben nach Höherem.

Der **Ringfinger**, in der alten Handlesekunst als Sonnen- oder Apollofinger bekannt, ist das Symbol der Beziehung zum Du, zum anderen Menschen. Nicht umsonst ist er seit Jahrhunderten der Ehefinger. Schöpferische Menschen haben häufig einen betonten Ringfinger. Sie fühlen sich der Schönheit und Kunst verpflichtet. In allem, was sie tun, streben sie Vollkommenheit an.

Der **kleine Finger** liegt auf der Du-Seite, er ist der Außenwelt am nächsten und symbolisiert die direkte Beziehung zur Umwelt. Er steht für Aufgeschlossenheit, Toleranz und geistige Interessen. In der klassischen Chirologie wird er Merkurfinger genannt, weil sich in ihm das Streben eines Menschen nach materiellen und geistigen Werten zeigt.

Linien

Die Handlinien sind sicher die faszinierendsten Zeichen in der Hand. Sie zeigen die Beweglichkeit und Aktivität eines Menschen, seine Fähigkeit, mit sich selbst und seiner Umwelt fertig zu werden. Bei den Linien achten wir auf die Länge, den Verlauf, darauf, wie sie ausgeprägt und gestaltet sind. Die vier Hauptlinien: Lebens-, Kopf-, Herz- und Schicksalslinie sind in fast jeder Hand zu finden.

Nicht unbedingt immer vorhanden sind die sechs Nebenlinien: Erfolgs-, Glücks-, Wohlstands-, Emotions-, Liebes- und Handgelenklinie. Viele Linien in der Hand deuten darauf hin, daß dieser Mensch sehr sensibel und für alles um sich herum empfänglich ist. Wenige Linien zeigen meistens eine in sich ruhende, aber auch eher unscheinbare Persönlichkeit. Steigen von den Haupt- oder Nebenlinien Äste oder kleine Linien auf, ist das immer positiv. Abfallende Linien haben dagegen negative Bedeutung. Abrupte Richtungsänderungen der Linien sind immer ein Hinweis, daß sich im Leben dieses Menschen etwas geändert hat. Gabeln oder verästeln sich die Linien am Anfang oder Ende, bedeutet das eine Zunahme der Kraft. Brüche oder Störungen in den Linien sind eher kritische Zeichen.

Die **Lebenslinie** (1) beginnt normalerweise in der Mitte der Hand zwischen Daumenansatz und Zeigefinger und läuft in einem Halbkreis um den Daumenballen herum. Die Tiefe, Stärke und Länge sagen vor allem etwas über die körperliche und geistige Vitalität eines Menschen aus.

Ebenfalls zwischen Daumenansatz und Zeigefinger beginnt die **Kopflinie.** (2) Sie läuft quer durch die Hand und endet zirka zweifingerbreit unter dem kleinen Finger oder kurz davor. Als Verstandeslinie zeigt sie, wie jemand den Lebensbedingungen gewachsen ist. Sie sagt etwas über die Art zu denken und zu handeln aus, welche Rolle der Kopf im Leben eines Menschen spielt.

Die **Herzlinie** (3) beginnt einfingerbreit oder etwas tiefer unter dem kleinen Finger, manchmal sogar schon auf der Handkante, und läuft oberhalb der Kopflinie in Richtung des Zeigefingers. Sie sagt aus, was für ein Gefühlstyp der Mensch ist und welche Rolle die Liebe in seinem Leben spielt. In ihr zeigt sich Erlebnisfähigkeit und Einfühlungsvermögen eines Menschen. Nicht selten ist die Herzlinie in der linken Hand stärker ausgebildet als in der rechten. Das bedeutet, daß ein solcher Mensch mehr Gefühl hat, als er nach außen hin zeigt.

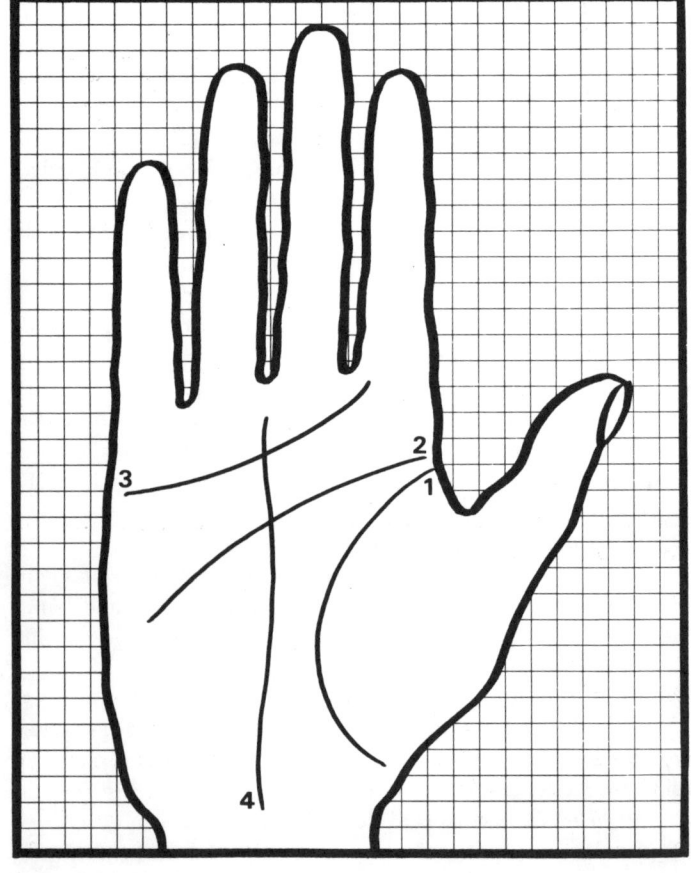

Hauptlinien

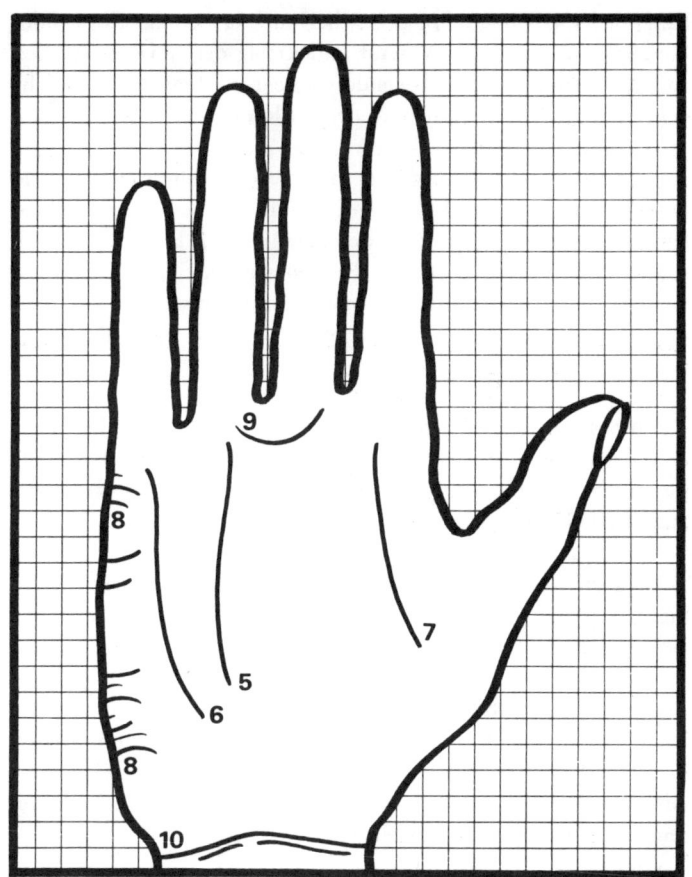

Nebenlinien

Die **Schicksalslinie** (4) läuft vom Handgelenk in der Mitte der Hand nach oben in Richtung des Mittelfingers. Sie gibt Auskunft, wie und auf welchem Weg der Mensch sich selbst verwirklicht und sein Lebensziel erreicht.

Die **Erfolgslinie** (5) findet man nicht sehr häufig. (Abb. Nebenlinien). Sie läuft von der Handwurzel nach oben in Richtung des

Ringfingers, beginnt aber gelegentlich auch erst an der Kopf- oder Herzlinie. Sie zeigt den Verlauf und Erfolg der Karriere an, und daß der Betreffende über besondere Talente verfügt. Man bezeichnet sie auch als Linie der Ich-Idealentwicklung.

Auch nicht in jeder Hand findet man die **Glückslinie** (6), die man im Gegensatz zur Erfolgslinie auch Linie der bewußten Ich-Projektion nennt. Sie beginnt an der Handwurzel, häufig aber auch später, und läuft nach oben in Richtung des kleinen Fingers. Sie sagt etwas über die geistige Beweglichkeit und intuitiven Fähigkeiten eines Menschen aus. In ihr zeigt sich auch das Talent zum Glück.

Die **Wohlstandslinie** (7) oder Geldlinie läuft vom großen Daumenberg nach oben zu den Fingern, dabei kreuzt sie die Lebenslinie, manchmal auch die Kopf- oder Herzlinie. Sie verrät etwas über die materielle Gesinnung und Fähigkeit, mit Geld umzugehen.

Waagerecht auf der Handkante liegen die **Emotionslinien** (8). Sie sagen viel über die Erlebnisfähigkeit eines Menschen aus. Die Linien zwischen kleinem Finger und Herzlinie weisen auf die erotischen Beziehungen und emotionalen Partnerbindungen hin. Die Emotionslinien zwischen Herz- und Kopflinie zeigen, wie das Denken und Handeln eines Menschen von seinen unbewußten Gefühlen beeinflußt wird. An den Linien unter der Kopflinie bis zur Handwurzel erkennt man, wie stark der Betreffende sich von seinen Instinkten und Trieben leiten läßt.

Die **Liebeslinie** (9), auch Venusgürtel genannt, liegt waagerecht unter dem Ring- und Mittelfinger. Sie zeigt, wie der Betreffende das Leben liebt und welche Bedeutung die Sexualität für ihn spielt.

Die **Handgelenklinie** (10) läuft als eine oder in mehreren Linien ganz oder teilweise um das Handgelenk herum. Sie sagt vor allem etwas über die vegetative Stabilität und das kollektive Bewußtsein eines Menschen aus.

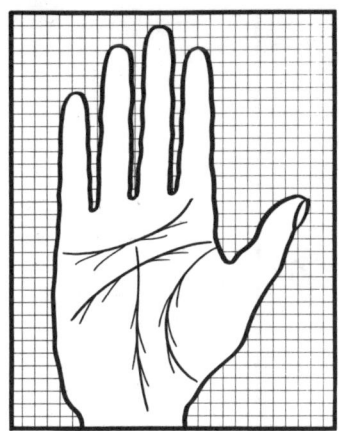

Abfallende Linien

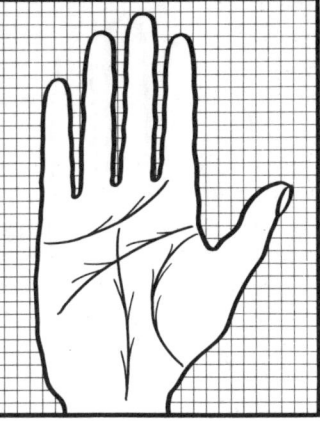

Aufsteigende Linien

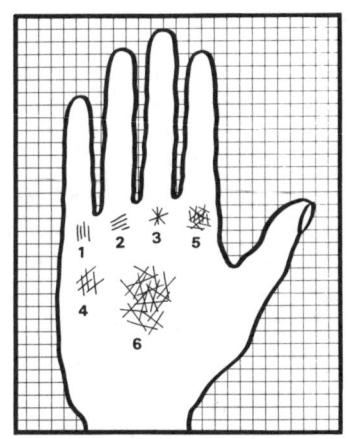

1 – 4   klare deutliche Linien;
5 – 6   unklare, verworrene
*   Linien*

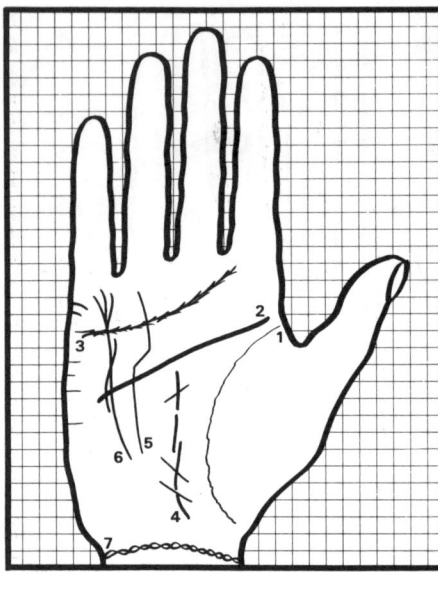

Berge

Als Berge bezeichnet man die erhöhten Stellen in der Handfläche unter den Fingern und am Handrand. Bei der Analyse achten wir darauf, wie die Berge ausgeprägt sind, oder ob sie besondere Zeichen haben. Aufragende betonte Berge bedeuten Energie. Niedrige, flache oder sogar fehlende Berge sind immer ein Zeichen für geringe seelische und körperliche Kräfte. Häufig liegen die Fingerberge nicht direkt unter den Fingern, sondern ein wenig versetzt zu dem benachbarten Finger oder sogar genau zwischen zwei Fingern. Ein solcher Berg erhält dann auch noch einen Teil der Bedeutung des benachbarten Fingers. Die Symbolbedeutung des Fingers wird dadurch ebenfalls beeinflußt. Klare Linien oder Zeichen auf einem Berg oder auf einen Berg laufende Haupt- und Nebenlinien verstärken immer die Aussagekraft des Berges. Verworrene Linien oder unklare Zeichen nehmen dem Berg etwas von seiner Bedeutung und sind eher negative Zeichen.

Der **große Daumenberg** (1) oder Daumenballen ist die Wurzel des Daumens und damit auch die Wurzel des Ichs. Es ist der Berg der

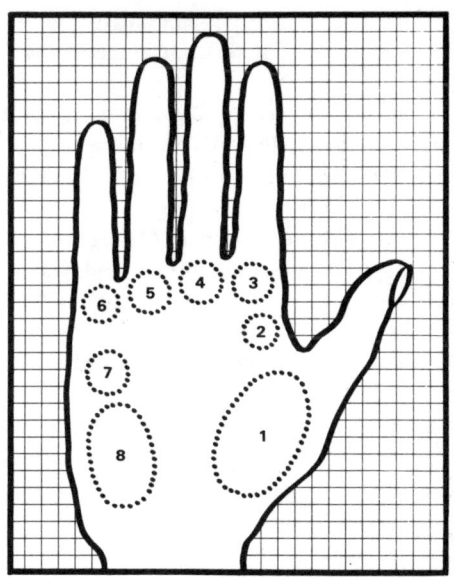

Berge

Ich-Realisierung. Er kennzeichnet das Naturhafte und sagt viel über die Vitalität und Sexualität eines Menschen aus. Man nennt ihn deshalb auch Venusberg.

Der **kleine Daumenberg** (2) liegt über dem Daumenballen und unter dem Zeigefingerberg. Als Berg des Abenteuers und Kampfes wird er in der klassischen Handlesekunst auch kleiner Marsberg genannt. Er zeigt vor allem den Mut und die Risikobereitschaft eines Menschen.

Der **Zeigefingerberg** (3) oder Jupiterberg ist der Berg des Ehrgeizes und Stolzes. In ihm erkennt man das Streben des Menschen nach Selbstverwirklichung, Anerkennung und Macht.

Der **Mittelfingerberg** (4) wird auch Berg der Einsamkeit genannt. Als Saturnberg in der alten Chirologie ist er das Sinnbild für die Sehnsucht des Menschen, sich von allen irdischen Zwängen zu befreien.

Im **Ringfingerberg** (5) zeigt sich das Streben nach Schönheit, Vollkommenheit und die Liebe zur Kunst. Als Berg der Zukunft sagt er

23

viel über den Idealismus eines Menschen aus. Die klassische Chirologie nennt ihn deshalb auch Sonnen- oder Apolloberg.

Der **kleine Fingerberg** (6) ist der Berg der aktiven Auseinandersetzung mit dem Leben. Als Merkurberg zeigt sich in ihm das Streben des Menschen nach beruflichem und materiellem Erfolg.

Der **obere Außenhandberg** (7) liegt unter dem kleinen Fingerberg. In ihm erkennt man die Widerstandskraft und Zielstrebigkeit eines Menschen. Er zeigt, ob man hart im Nehmen ist, und wie man Schicksalsschläge im Leben überwindet. Als Berg der Selbstbeherrschung nennt man ihn auch großer Marsberg.

Der **untere Außenhandberg** (8) ist der Berg des Unbewußten und der Magie. In ihm zeigen sich die schöpferischen Fähigkeiten und die intuitive Begabung eines Menschen. In der alten Handlesekunst wird er deshalb auch Mondberg genannt.
Sie haben damit alle wichtigen Merkmale der Hand kennengelernt und können nun mit der Analyse der Hand beginnen.

So analysieren Sie die Hand

Sind die Hauptmerkmale in der rechten und linken Hand sehr unterschiedlich, sollten Sie immer beide Hände getrennt von einander untersuchen. In der Linken erfahren Sie alles über die Anlagen und Möglichkeiten eines Menschen. In der Rechten ermitteln Sie, was er aus diesen Anlagen gemacht, welche Fähigkeiten er verwirklicht hat. Die Linke zeigt Ihnen also mehr die passive, die Rechte mehr die aktive Seite der Persönlichkeit. Besonders bei sehr unterschiedlichen Händen ist das ein aufschlußreicher Vergleich über genutzte und verpaßte Chancen. Nur beim echten Linkshänder, der seine linke Hand auch wirklich überwiegend anstelle der rechten benutzt, nehmen Sie die rechte Hand anstelle der linken und umgekehrt.

Ganz allgemein kann man sagen: Sind vor allem die Hauptmerkmale in der linken Hand stärker ausgeprägt, steckt in so einem Menschen mehr, als seine Umwelt vermutet. Er hat noch nicht alle seine Möglichkeiten verwirklicht, viele seiner Talente schlummern noch. Ist er aber schon weit über dreißig Jahre, wird er sie vielleicht nie entwickeln, weil er zu passiv ist. Sind dagegen die Hauptmerkmale in der rechten Hand eindeutig stärker betont, spricht das für eine aktive und begeisterungsfähige Persönlichkeit. Bei fast gleichen Hauptmerkmalen in beiden Händen handelt es sich um einen innerlich ausgeglichenen und zufriedenen Menschen, der aber meistens in seinen Grenzen bleibt.

Bevor Sie mit der Handanalyse beginnen, betrachten Sie zunächst einmal die Hand. Was für eine Grundform hat sie? Ist sie sehr hügelig, glatt oder zerfurcht? Sind bestimmte Handbereiche besonders betont? Wie sind die Finger gestaltet? Stimmt die Fingerformel, oder sind einige Finger besonders lang oder kurz? Nach diesem ersten Überblick sehen Sie sich die Handlinien an. Wie verlaufen sie? Wie sind sie ausgeprägt und geformt? Und zum Schluß untersuchen Sie die Berge. Welcher Berg ist besonders ausgeprägt und betont? Welcher ist sehr flach oder fehlt? Nachdem Sie die Hand eingehend studiert haben, können Sie mit der Handanalyse beginnen. Entscheiden Sie, welche Charaktereigenschaft, Fähigkeit oder Frage Sie untersuchen wollen. In jedem Testbogen sind Merkmale aufgeführt, für die Sie Pluspunkte gutschreiben können. Es sind dies die Zeichen, die für das Vorhandensein der entsprechenden Eigenschaft sprechen. Im zweiten Teil des Testbogens finden Sie Merkmale, für die Sie sich Minuspunkte notieren müssen. Hier handelt es sich um Zeichen, die der entsprechenden Eigenschaft widersprechen. Eine Ausnahme sind die Begabungstests; bei ihnen werden nur Pluspunkte ermittelt.

Sollen Sie in einem Test linke und rechte Hand vergleichen und finden Sie den aufgeführten Unterschied bestätigt, so tragen Sie für *beide* Hände die angegebene Punktzahl ein.

Gehen Sie den Testbogen durch und überprüfen Sie, ob die angegebenen Linien, Berge und Zeichen in Ihrer Testhand vorhanden beziehungsweise nicht vorhanden sind. Bei der Ermittlung der Merkmale müssen Sie sehr genau vorgehen. *Sie dürfen nur eindeutig erkennbare Zeichen registrieren.*

Nachdem Sie so alle Merkmale des Testbogens überprüft haben, zählen Sie die Plus- und Minuspunkte jeweils getrennt zusammen. Ziehen Sie dann die Minuspunkte von den Pluspunkten ab. Diese Summe ist ihr Testergebnis. Sie kann, mit Ausnahme bei den Begabungstests, ein Plus- oder Minuswert sein. Dafür zwei Beispiele: Sie haben bei einer Eigenschaft drei Plus- und zehn Minuspunkte notiert: $+3 \ -10 = -7$ ist das Testergebnis. Bei einer anderen Eigenschaft haben Sie zwölf Plus- und vier Minuspunkte: $+12 \ -4 = +8$ ist das Testergebnis.

Erhalten Sie für linke und rechte Hand deutlich abweichende Ergebnisse, so interpretieren Sie das im Sinne des auf Seite 25 Gesagten.

Der Charakter in der Hand

Realist oder Romantiker

	Punkte	Linke Hand	Rechte Hand
1 Handform eckig oder Mischhand	+2		
2 Zweite Handzone beziehungsweise Fingerglieder betont oder am längsten	+3		
3 Finger gleich lang oder länger als die Handfläche	+2		
4 Zeigefinger gleich lang oder länger als der Ringfinger	+3		
5 Lebenslinie läuft im engen Bogen um den Daumenballen	+1		
6 Abstand zwischen Lebens- und Kopflinie am Anfang sehr klein (0,5 cm)	+1		
7 Lebens- und Kopflinie laufen am Anfang kurz zusammen	+2		
8 Kopflinie läuft klar und gerade durch die Hand	+3		
9 Kopflinie liegt sehr hoch, nahe der Herzlinie	+1		
10 Kopf- und Herzlinie laufen fast parallel	+1		
11 Kopflinie läuft auf den oberen Außenhandberg	+1		
12 Kopflinie ist leicht gegen die Herzlinie gebogen	+1		
13 Herzlinie ist kurz oder fehlt	+2		
14 Herzlinie läuft zum Mittelfinger hinauf	+1		
15 Herzlinie liegt sehr tief, nahe der Kopflinie	+1		
Pluspunkte:			

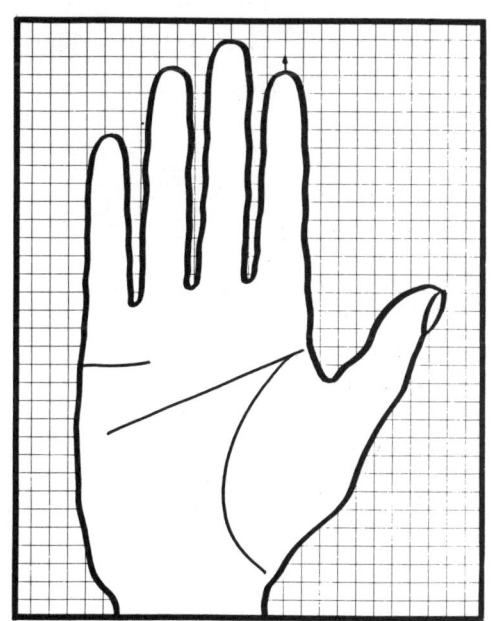

Realist plus

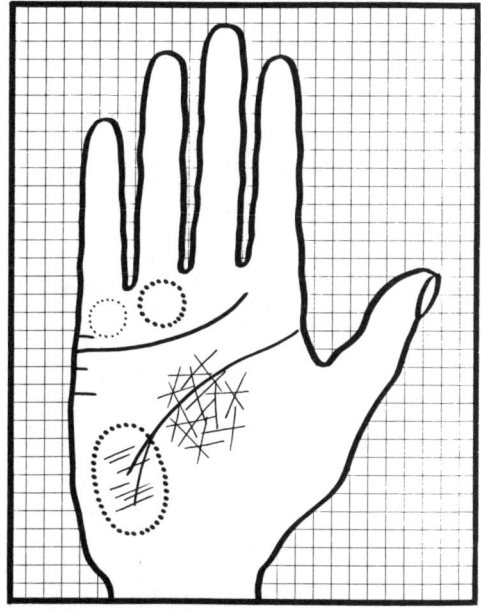

Realist minus

29

	Punkte	Linke Hand	Rechte Hand
16 Handform spitz	−1		
17 Dritte Handzone beziehungsweise Fingerglieder betont oder am längsten	−3		
18 Handmitte ist von vielen Linien kreuz und quer durchzogen	−2		
19 Daumen sehr geschmeidig	−1		
20 Kopflinie oder Abzweigungen von der Kopflinie laufen nach unten in den unteren Außenhandberg	−3		
21 Kopflinie liegt sehr hoch, nahe der Herzlinie	−1		
22 Herzlinie tief und deutlich, beginnt schon auf der Handkante	−2		
23 Herzlinie entfernt sich von der Kopflinie	−1		
24 Herzlinie liegt sehr hoch, nahe der Fingerwurzeln	−1		
25 Schicksalslinie läuft auf den kleinen Fingerberg	−1		
26 Mindestens drei deutliche Emotionslinien zwischen kleinem Finger und Kopflinie	−2		
27 Erfolgs- oder Glückslinie zersplittert	−1		
28 Mittelfingerberg stark ausgeprägt oder klare Linie(n) darauf	−1		
29 Ringfingerberg ausgeprägt oder kleiner Fingerberg sehr flach	−3		
30 Unterer Außenhandberg stark ausgeprägt oder klare Linie(n) darauf	−2		
Minuspunkte:			

Auswertungstabelle
Realist oder Romantiker

	Linke Hand	Rechte Hand
Pluspunkte:		
Minuspunkte:		
Testergebnis:		

Das bedeuten die Punkte:

+9 und mehr Punkte

Sehr starker Realist. Der Verstand steht über allem anderen. Träume spielen in seinem Leben eine sehr untergeordnete Rolle. Nichts bleibt bei ihm dem Zufall überlassen. Ist die Sachlichkeit in Person. +12 und mehr Punkte: Gefahr, gefühlsmäßig zu verarmen. Übertriebene Verstandesbetonung.

+3 bis +8 Punkte

Realist. Er steht mit beiden Beinen im Leben und nimmt die Welt so, wie sie ist. Sein Verhalten ist stark nach außen gerichtet. Kann seine Fähigkeiten und Möglichkeiten realistisch beurteilen.

−2 bis +2 Punkte

Gesunder Menschenverstand. Gefühl und Verstand halten sich die Waage. Positive Einstellung zum Leben. Hat durchaus auch eine romantische Ader, ist aber in alltäglichen Dingen eher sachlich.

−3 bis −8 Punkte

Romantiker. Neigt zur Träumerei und dazu, vor den Anforderungen des Alltags zu fliehen. Sehr gefühlvoll und idealistisch. Sein Verhalten ist stark nach innen gerichtet. Häufig weltfremd.

−9 und mehr Punkte

Sehr starker Romantiker. Empfindet die Forderungen des Alltags oft als lästig und belastend. Flieht gern vor der Wirklichkeit in das Reich der Träume und Illusionen. Ist ein weltfremder Idealist. −12 und mehr Punkte: Völlig unrealistisch, lebt in einer Traumwelt.

Selbstbewußtsein

	Punkte	Linke Hand	Rechte Hand
1 Winkel zwischen Daumen und Hand groß (80° u.m.)	+2		
2 Zwischenraum zwischen Zeige- und Mittelfinger oder Ringfinger und kleinem Finger weit	+1		
3 Daumen oder Mittelfinger lang oder besonders betont	+2		
4 Zeigefinger gleich lang oder länger als der Ringfinger oder besonders betont	+3		
5 Lebenslinie beginnt über der Kopflinie am Zeigefingerberg	+1		
6 Abzweigung(en) oder aufsteigende Linien von der Lebenslinie laufen auf den Zeigefingerberg	+1		
7 Abstand zwischen Lebens- und Kopflinie sehr weit (1 cm u.m.)	+1		
8 Kopflinie beginnt auf dem Zeigefingerberg oder läuft bis zur Handkante oder gabelt sich	+2		
9 Herzlinie doppelt oder gegabelt oder läuft auf den Zeigefingerberg	+3		
10 Schicksalslinie klar und deutlich, läuft bis zur Kopflinie	+1		
11 Schicksalslinie läuft auf den Zeigefingerberg oder in den Mittelfinger	+1		
12 Erfolgslinie ausgeprägt oder gegabelt oder wellig	+2		
13 Großer Daumenberg ausgeprägt und klare waagerechte Linien darauf	+1		
14 Zeigefingerberg stark ausgeprägt oder deutliche Linie(n) darauf	+3		
15 Ringfingerberg sehr ausgeprägt oder deutliche Linie(n) darauf	+1		
Pluspunkte:			

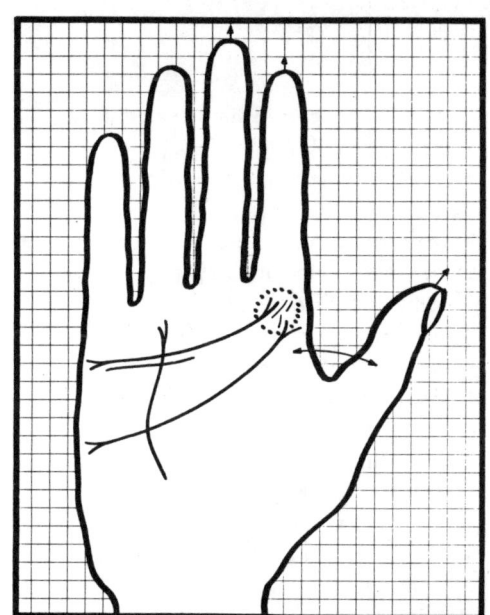

Selbstbewußtsein plus

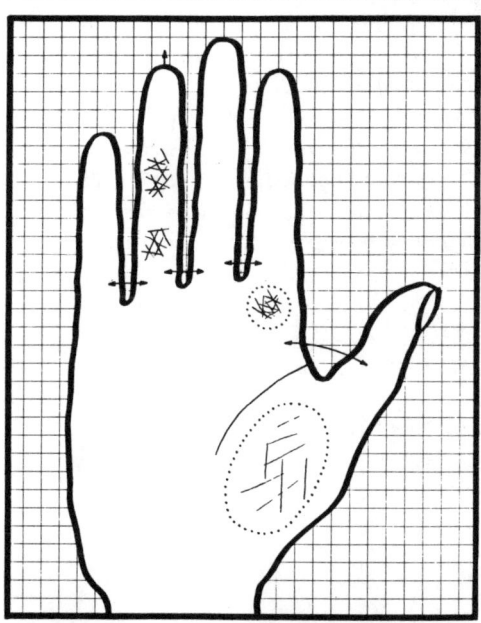

Selbstbewußtsein minus

	Punkte	Linke Hand	Rechte Hand
16 Winkel zwischen Daumen und Hand klein (unter 65°)	−3		
17 Zwischenraum zwischen den Fingern eng	−2		
18 Daumen hoch angesetzt	−1		
19 Daumen oder Mittelfinger klein oder dünn und schwach	−1		
20 Ringfinger länger als Zeigefinger oder verworrene Linien darauf	−2		
21 Wenige oder dünne und verworrene Linien in der Hand	−2		
22 Lebenslinie kurz blaß und dünn	−3		
23 Lebens- und Kopflinie laufen am Anfang lange zusammen (1,5 cm u.m.)	−1		
24 Kopflinie wellig oder häufig durchschnitten	−1		
25 Kopflinie beginnt sehr spät	−1		
26 Herzlinie läuft auf den Mittelfingerberg	−1		
27 Schicksalslinie läuft am Anfang mit der Lebenslinie zusammen	−1		
28 Erfolgs- oder Glückslinie fehlt	−1		
29 Großer Daumenberg schwach ausgeprägt und dünne zarte Linien darauf	−2		
30 Zeigefingerberg schwach ausgeprägt oder unklare verworrene Linien darauf	−3		
Minuspunkte:			

Auswertungstabelle
Selbstbewußtsein

	Linke Hand	Rechte Hand
Pluspunkte:		
Minuspunkte:		
Testergebnis:		

Das bedeuten die Punkte:

+9 und mehr Punkte

Selbstbewußtsein sehr stark. Ist sehr von sich überzeugt und fühlt sich anderen gegenüber überlegen. Will bewundert werden. Sehr stolz und eigenwillig. +12 und mehr Punkte: Gefahr der Selbstgefälligkeit und Eitelkeit. Neigt zu anmaßendem und hochmütigem Verhalten.

+3 bis +8 Punkte

Selbstbewußtsein stark. Ist überzeugt, etwas Besonderes zu sein und tritt dementsprechend auf. Glaubt an sich und ist durch nichts in Verlegenheit zu bringen. Steht mit beiden Beinen fest im Leben.

−2 bis +2 Punkte

Selbstbewußtsein durchschnittlich. Hat ein natürliches Selbstvertrauen. Bemüht sich um Anerkennung. Lehnt aber alles Übertriebene ab und tritt sehr unauffällig auf. Kennt seinen Wert, ohne überheblich zu sein.

−3 bis −8 Punkte

Selbstbewußtsein schwach. Fühlt sich häufig unterlegen und wird deshalb leicht unsicher. Hat Angst vor Mißerfolg und ist nicht bereit, Verantwortung zu übernehmen. Sehnt sich nach Lob und Anerkennung.

−9 und mehr Punkte

Selbstbewußtsein sehr schwach. Glaubt nicht an sich, muß immer wieder aufgemuntert und bestätigt werden. Hat Angst, aufzufallen. Bei −10 und mehr Punkten: Selbstwertgefühl total gestört. Sehr starke Minderwertigkeitsgefühle.

Ehrgeiz

	Punkte	Linke Hand	Rechte Hand
1 Linien und Berge in der Rechten stärker ausgeprägt als in der Linken	+1		
2 Handfläche ausgeprägt und bergig	+1		
3 Zwischenraum zwischen Zeige- und Mittelfinger sehr weit	+1		
4 Zeigefinger fast so lang wie der Mittelfinger	+3		
5 Kleiner Finger sehr lang oder besonders betont	+2		
6 Lebenslinie beginnt oberhalb der Kopflinie, oder Abzweigung(en) von ihr laufen auf den Zeigefingerberg	+3		
7 Abstand zwischen Lebens- und Kopflinie am Anfang groß (1 cm u.m.)	+1		
8 Lebens- oder Schicksalslinie doppelt	+2		
9 Kopflinie beginnt auf dem Zeigefingerberg	+2		
10 Kopflinie gegabelt oder am Ende kurz nach oben gebogen	+2		
11 Herzlinie relativ gerade oder gegabelt oder läuft auf den Zeigefingerberg	+1		
12 Schicksalslinie läuft gerade ungebrochen auf den Mittel- oder in einem Bogen auf den Zeigefingerberg	+1		
13 Emotionslinie(n) zwischen Herz- und Kopflinie klar und deutlich und nach oben gebogen	+1		
14 Großer oder kleiner Daumenberg oder oberer Außenhandberg ausgeprägt und mit deutlichen Linien darauf	+1		
15 Zeigefingerberg stark ausgeprägt	+3		
Pluspunkte:			

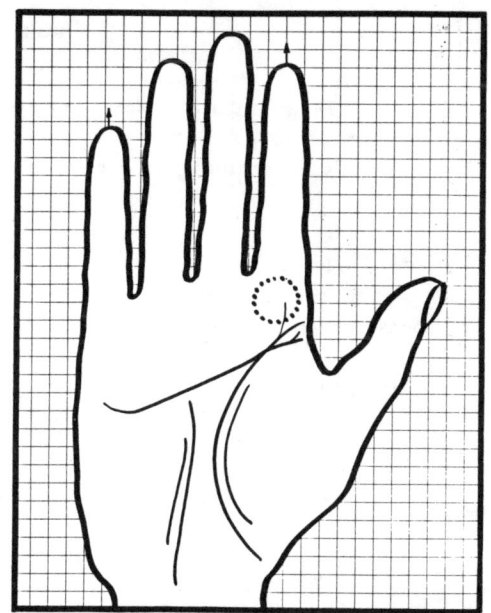

Ehrgeiz plus

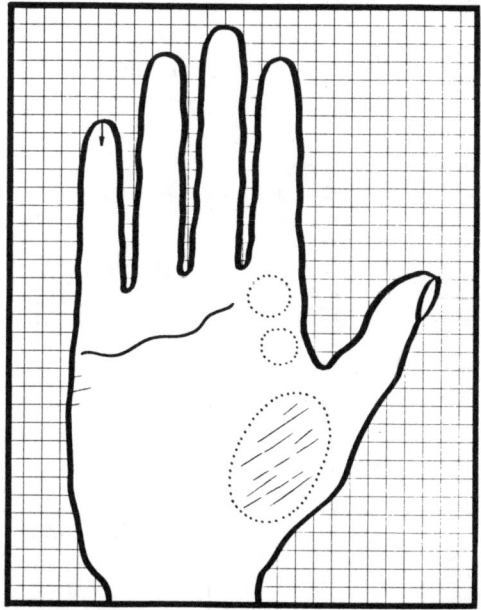

Ehrgeiz minus

37

	Punkte	Linke Hand	Rechte Hand
16 Linien und Berge in der Linken stärker ausgeprägt als in der Rechten	−3		
17 Handfläche sehr flach und glatt oder sehr wenige und dünne Linien in der Handmitte	−2		
18 Kleiner Finger sehr kurz oder dünn	−2		
19 Zeigefinger kurz oder dünn	−1		
20 Lebenslinie zart und dünn oder wellig	−1		
21 Lebenslinie läuft in einem weiten Bogen bis zur Handmitte	−1		
22 Lebens-, Kopf- und Herzlinie am Anfang miteinander verbunden	−1		
23 Kopflinie kurz	−1		
24 Kopf- oder Schicksalslinie zart und dünn	−1		
25 Herzlinie geschwungen oder wellig	−2		
26 Schicksalslinie läuft bis zur Kopflinie	−1		
27 Emotionslinie(n) zwischen Herz- und Kopflinie fehlen oder sehr dünn	−2		
28 Großer oder kleiner Daumenberg schwach ausgeprägt und mit zarten dünnen Linien	−3		
29 Zeigefingerberg schwach ausgeprägt	−3		
30 Oberer Außenhandberg schwach ausgeprägt	−1		
Minuspunkte:			

Auswertungstabelle
Ehrgeiz

	Linke Hand	Rechte Hand
Pluspunkte:		
Minuspunkte:		
Testergebnis:		

Das bedeuten die Punkte:

+9 Punkte und mehr

Ehrgeiz und Erfolgsmotivation sehr stark. Ist sehr strebsam, fleißig und unbeirrbar. Der Wunsch, etwas Besonderes zu leisten, ist sehr stark ausgeprägt. Hohe Ideale. Will um jeden Preis vorwärtskommen. +12 und mehr Punkte: Gefahr, sich aufzureiben. Starkes Geltungsbedürfnis.

+3 bis +8 Punkte

Ehrgeiz und Erfolgsmotivation stark. Verfolgt systematisch und konsequent seine Ziele. Will vorwärtskommen und etwas Ungewöhnliches leisten. Möchte sich hervortun.

−2 bis +2 Punkte

Ehrgeiz und Erfolgsmotivation durchschnittlich. Der Wunsch, vorwärtszukommen und etwas zu leisten, ist natürlich und angepaßt. Könnte durchaus mehr leisten.

−3 bis −8 Punkte

Ehrgeiz und Erfolgsmotivation schwach. Hat überhaupt keine besonderen Ansprüche, eher selbstgenügsam. Es scheint ihn nicht zu reizen, besondere Leistungen zu vollbringen.

−9 und mehr Punkte

Ehrgeiz und Erfolgsmotivation sehr schwach. Kein Vertrauen zur eigenen Leistungsfähigkeit. Scheint äußeren Erfolgen gegenüber gleichgültig zu sein. Hat überhaupt keinen Leistungswillen, sehr anspruchslos. −12 und mehr Punkte: Ehrgeiz fehlt völlig. Aussteiger.

Gemeinschaftsgefühl

	Punkte	Linke Hand	Rechte Hand
1 Handform oval oder harmonische gut proportionierte Hand	+1		
2 Daumen biegsam und beweglich	+1		
3 Mittelfinger lang oder tiefe deutliche Linie(n) auf ihm	+2		
4 Lebenslinie läuft in weitem Bogen um den Daumenballen bis zur Handmitte	+3		
5 Herzlinie stark ausgeprägt oder doppelt	+2		
6 Herzlinie sanft geschwungen ohne Brüche oder Unterbrechungen	+3		
7 Herzlinie gabelt sich am Anfang oder Ende	+1		
8 Herzlinie läuft zwischen Zeige- und Ringfinger oder in Richtung des Mittelfingers	+2		
9 Schicksalslinie tief und deutlich	+1		
10 Schicksalslinie läuft am Anfang parallel zur Lebenslinie	+1		
11 Schicksalslinie beginnt auf dem großen Daumenberg oder an der Lebenslinie und läuft in Richtung des Ringfingers	+1		
12 Großer Daumenberg schwach ausgeprägt	+1		
13 Zeigefingerberg flach und ohne tiefe deutliche Linie(n) auf ihm	+3		
14 Ringfingerberg ausgeprägt und deutliche Linie(n) auf ihm	+2		
15 Deutliche Linie(n) auf dem unteren Außenhandberg	+1		
Pluspunkte:			

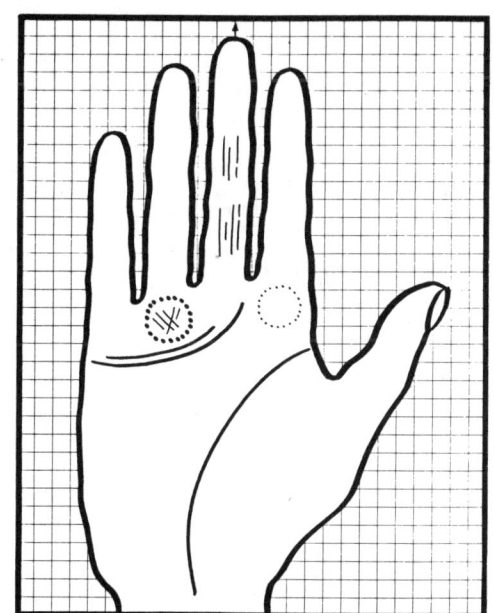

*Gemeinschafts-
gefühl plus*

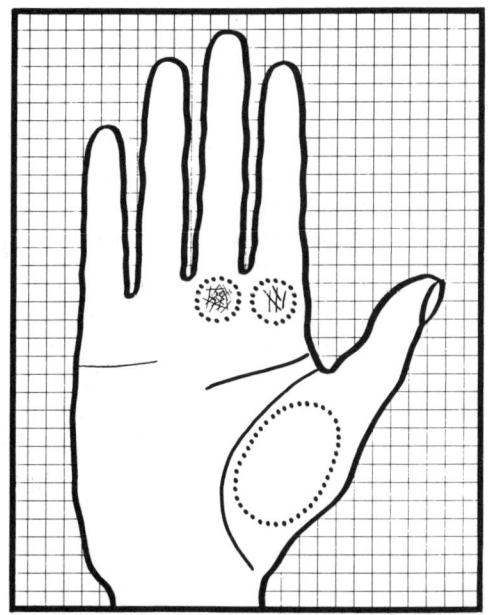

*Gemeinschafts-
gefühl minus*

41

	Punkte	Linke Hand	Rechte Hand
16 Daumen starr und enganliegend	−1		
17 Lebenslinie läuft in engem Bogen um den Daumenballen	−3		
18 Lebens- und Kopflinie laufen am Anfang länger zusammen (1 cm u.m.)	−1		
19 Kopflinie läuft am Ende leicht nach oben	−1		
20 Kopflinie läuft nur knapp über die Mitte der Hand	−2		
21 Kopf- und Herzlinie fallen zusammen oder nur ein geringer Abstand zwischen beiden	−3		
22 Herzlinie sehr kurz oder fehlt	−3		
23 Herzlinie dünn, blaß und undeutlich	−2		
24 Herzlinie endet unter oder auf dem Ringfingerberg	−1		
25 Herzlinie liegt sehr hoch, nahe den Fingerwurzeln	−2		
26 Herzlinie endet auf dem Mittelfingerberg oder am oder im Mittelfinger	−1		
27 Großer Daumenberg stark ausgeprägt	−2		
28 Zeigefingerberg stark ausgeprägt oder deutliche Linie(n) auf ihm	−3		
29 Mittelfingerberg stark ausgeprägt oder unklare verworrene Linien auf ihm	−2		
30 Unklare verworrene Linien auf dem unteren Außenhandberg	−1		
Minuspunkte:			

Auswertungstabelle Gemeinschaftsgefühl

	Linke Hand	Rechte Hand
Pluspunkte:		
Minuspunkte:		
Testergebnis:		

Das bedeuten die Punkte:

+9 und mehr Punkte

Gemeinschaftsgefühl sehr stark. Liebt Trubel und Heiterkeit. Hat ein sehr starkes Bedürfnis nach Geselligkeit. Kann nicht allein sein. Braucht den Kontakt mit anderen Menschen. +12 und mehr Punkte: Altruist bis zur Selbstaufgabe. Gefahr, Gemeinsamkeit zu übertreiben.

+3 bis +8 Punkte

Gemeinschaftsgefühl stark. Hat ein ausgeprägtes Bedürfnis nach Geselligkeit. Ist fähig, sich auch einmal im Interesse der Gemeinschaft unterzuordnen. Setzt sich stark mit den Problemen seiner Umwelt auseinander.

−2 bis +2 Punkte

Gemeinschaftsgefühl durchschnittlich. Ist gern für andere da, möchte dabei aber immer seine Unabhängigkeit behalten. Liebt die Geselligkeit, ohne aber von ihr abhängig zu sein.

−3 bis −8 Punkte

Gemeinschaftsgefühl schwach. Die mitmenschlichen Beziehungen sind sehr unbeständig und nicht sehr intensiv. Neigt gelegentlich zu eigensinnigem und egoistischem Verhalten. Ist zurückhaltend und auf Distanz bedacht.

−9 und mehr Punkte

Gemeinschaftsgefühl sehr schwach. Sehr distanziert und übertrieben zurückhaltend. Ein ausgesprochener Einzelgänger, der sich häufig einsam und verlassen fühlt, ohne es aber zuzugeben. Hat häufig Konflikte mit seiner näheren Umwelt. −12 und mehr Punkte: Egoist, denkt nur an sich.

Begeisterungsvermögen

	Punkte	Linke Hand	Rechte Hand
1 Linien und Berge in der Rechten stärker ausgeprägt als in der Linken	+1		
2 Ovale Handform mit beweglichen und geschmeidigen Fingern	+2		
3 Daumen sehr lang und besonders betont	+1		
4 Kleiner Finger lang oder besonders betont	+2		
5 Sehr viele Linien in der Handfläche	+1		
6 Lebenslinie läuft in den unteren Außenhandberg	+3		
7 Kopflinie am Ende gegabelt oder kurz aufwärts gebogen	+2		
8 Herzlinie beginnt auf der Handkante	+3		
9 Herzlinie doppelt	+1		
10 Schicksalslinie doppelt oder mehrfach	+1		
11 Schicksalslinie beginnt am großen Daumenberg oder eine Abzweigung von ihr läuft zu ihm	+1		
12 Erfolgslinie gegabelt oder verzweigt oder zerrissen	+1		
13 Glückslinie doppelt oder gegabelt oder verzweigt oder zerrissen	+3		
14 Emotionslinie(n) zwischen Herz- und Kopflinie deutlich und klar	+1		
15 Kleiner Fingerberg stark ausgeprägt oder viele Linien darauf	+2		
Pluspunkte:			

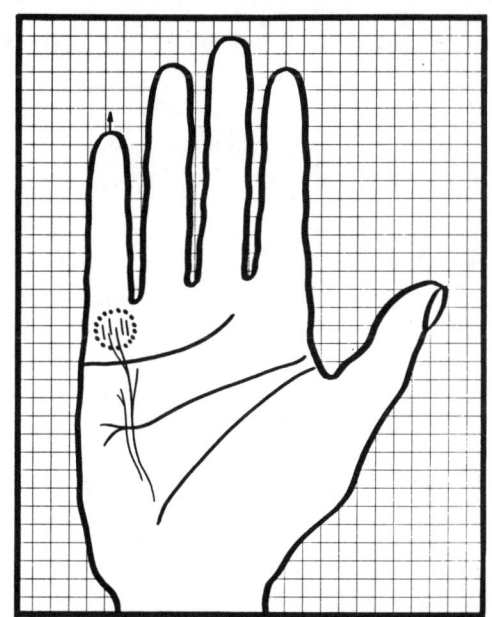

*Begeisterungs-
vermögen plus*

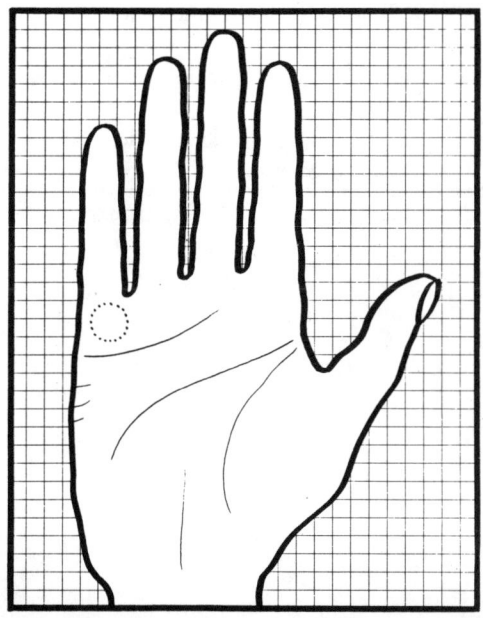

*Begeisterungs-
vermögen minus*

45

	Punkte	Linke Hand	Rechte Hand
16 Linien und Berge in der Linken stärker ausgeprägt als in der Rechten	−2		
17 Eckige Hand mit sehr unbeweglichen Fingern	−2		
18 Haupt- und Nebenlinien sehr zart und dünn	−3		
19 Sehr wenige Linien in der Handmitte	−1		
20 Mittelfinger sehr klein	−1		
21 Lebenslinie kurz	−1		
22 Lebens- und Kopflinie laufen am Anfang länger zusammen	−1		
23 Kopflinie kurz	−1		
24 Kopflinie läuft stark gebogen nach unten	−1		
25 Herzlinie blaß farblos oder undeutlich	−2		
26 Herzlinie fehlt	−3		
27 Schicksalslinie sehr schwach oder fehlt	−1		
28 Emotionslinien zwischen Herz- und Kopflinie sehr dünn und undeutlich oder fehlen	−2		
29 Großer Daumenberg sehr schwach ausgeprägt	−1		
30 Kleiner Fingerberg fehlt oder sehr schwach ausgeprägt	−3		
Minuspunkte:			

Auswertungstabelle
Begeisterungsvermögen

	Linke Hand	Rechte Hand
Pluspunkte:		
Minuspunkte:		
Testergebnis:		

Das bedeuten die Punkte:

+9 und mehr Punkte

Begeisterungsvermögen sehr stark. Ist allem Neuen gegenüber sehr aufgeschlossen. Interessiert sich einfach für alles. Sehr überschwenglich; es fällt ihm nicht immer ganz leicht, seinen Betätigungsdrang zu kontrollieren. +12 und mehr Punkte: Gefahr, sich zu verzetteln. Übereifrig und impulsiv.

+3 bis +8 Punkte

Begeisterungsvermögen stark. Spontan, vielseitig interessiert und aufgeschlossen, steht er allem Neuen sehr positiv gegenüber. Läßt sich gerne mitreißen.

−2 bis +2 Punkte

Begeisterungsvermögen durchschnittlich. Ist aufgeschlossen, interessiert und aufnahmebereit. Braucht aber immer den Anstoß von außen. Läßt die Dinge gern auf sich zukommen.

−3 bis −8 Punkte

Begeisterungsvermögen schwach. Ist verschlossen und nur sehr schwer für eine Sache zu begeistern und aus der Reserve zu locken. Möchte in Ruhe gelassen werden.

−9 und mehr Punkte

Begeisterungsvermögen sehr schwach. Ist sehr verschlossen und für nichts zu begeistern. Erscheint völlig desinteressiert. Hat Angst, sich zu engagieren. −12 und mehr Punkte: Sehr phlegmatisch bis apathisch.

Willenskraft und Ausdauer

	Punkte	Linke Hand	Rechte Hand
1 Handform eckig oder Hand fest und kräftig	+1		
2 Erste Handzone beziehungsweise Fingerglieder betont oder länger	+2		
3 Daumen groß und kräftig oder durch klare Linien auf ihm besonders betont	+2		
4 Zeigefinger gleich lang oder länger als der Ringfinger oder an der Basis breiter als die anderen Finger	+3		
5 Lebenslinie kurz und kräftig	+1		
6 Lebenslinie lang, kräftig und ungebrochen oder doppelt	+2		
7 Abzweigung der Lebenslinie läuft zum Zeigefinger oder Mittelfinger	+1		
8 Lebens- und Kopflinie sind am Anfang nicht miteinander verbunden	+2		
9 Kopflinie kräftig und deutlich	+1		
10 Kopflinie läuft gerade bis zum Handrand oder oberen Außenhandberg	+3		
11 Kopflinie beginnt auf dem Zeigefingerberg oder im Zeigefinger	+1		
12 Schicksalslinie kräftig und deutlich	+1		
13 Schicksalslinie läuft gerade in den Mittelfinger oder endet unter dem Zeigefingerberg	+1		
14 Großer Daumenberg sehr ausgeprägt oder mit klaren deutlichen Linien auf ihm	+1		
15 Kleiner Daumenberg oder oberer Außenhandberg ausgeprägt oder mit klaren deutlichen Linien auf ihm	+3		
	Pluspunkte:		

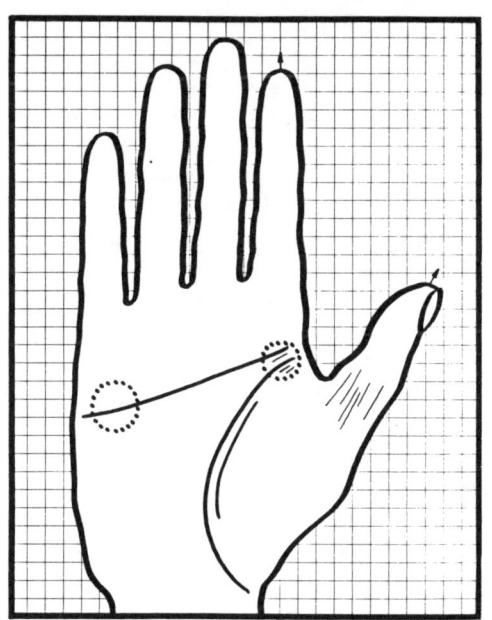

Willensstärke,
Ausdauer plus

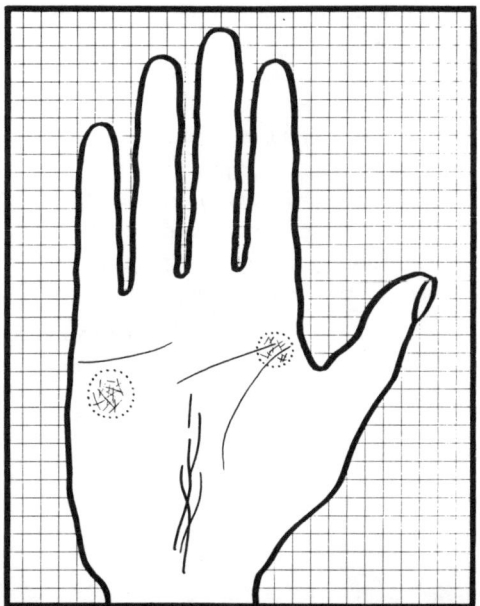

Willensstärke,
Ausdauer minus

49

Punkte	Linke Hand	Rechte Hand
16 Sehr lange schlanke Hand mit glatten Fingern −2		
17 Linien und Berge in der Linken stärker ausgeprägt als in der Rechten −3		
18 Daumen schwach, dünn oder klein −1		
19 Zeigefinger kurz oder dünn −1		
20 Kleiner Finger kurz oder dünn −1		
21 Lebenslinie wellig oder Schicksalslinie in Windungen nach oben −1		
22 Lebenslinie zart und dünn oder kurz und schwach −3		
23 Kopf- oder Herzlinie kurz oder fehlen −2		
24 Kopflinie blaß und undeutlich oder dünn und verästelt −2		
25 Kopflinie stark geschwungen oder gebogen, läuft durch den unteren Außenhandberg −1		
26 Schicksalslinie beginnt im unteren Außenhandberg −1		
27 Schicksalslinie sehr kurz oder fehlt −1		
28 Schicksalslinie besteht aus mehreren Linien oder ist verästelt und zerschnitten −2		
29 Großer Daumenberg schwach ausgeprägt oder zarte dünne Linien darauf −1		
30 Kleiner Daumenberg oder oberer Außenhandberg fehlen oder flache und unklare, verworrene Linien darauf −3		
Minuspunkte:		

Auswertungstabelle
Willenskraft und Ausdauer

	Linke Hand	Rechte Hand
Pluspunkte:		
Minuspunkte:		
Testergebnis:		

Das bedeuten die Punkte:

+9 und mehr Punkte

Willenskraft und Ausdauer sehr stark. Beharrlich und zäh, mit unbeirrbarer Widerstandskraft, bemüht er sich um die Verwirklichung seiner Ziele. Will häufig mit dem Kopf durch die Wand. +12 und mehr Punkte: Unnachgiebig und unbeugsam. Übertreibt sehr häufig.

+3 bis +8 Punkte

Willenskraft und Ausdauer stark. Ist sehr fleißig und zäh. Es fällt ihm leicht, eine Sache konsequent und gezielt zu Ende zu führen. Verfügt über viel Widerstandskraft.

−2 bis +2 Punkte

Willenskraft und Ausdauer durchschnittlich. Ist im großen und ganzen durchaus konsequent und ausdauernd. Nur bei größeren Schwierigkeiten fehlt ihm gelegentlich die nötige Widerstandskraft.

−3 bis −8 Punkte

Willenskraft und Ausdauer schwach. Hat nicht die nötige Widerstandskraft, eine Sache konsequent und entschieden zu Ende zu führen. Ermüdet sehr schnell. Macht vieles nur halb. Ist häufig auch sehr unentschlossen.

−9 und mehr Punkte

Willenskraft und Ausdauer sehr schwach. Verfügt nur über sehr wenig Widerstandskraft. Ist nicht fähig, eine Sache konsequent zu Ende zu führen. Kann sich nicht energisch und zielbewußt durchsetzen. −12 und mehr Punkte: Hat überhaupt keine Willenskraft und Ausdauer.

Selbstbeherrschung

	Punkte	Linke Hand	Rechte Hand
1 Handform eckig und zweite Handzone beziehungsweise Fingerglieder besonders betont oder am längsten	+1		
2 Mittelfinger lang oder besonders betont	+2		
3 Lebenslinie läuft ziemlich gerade im engen Bogen um den Daumenballen	+1		
4 Lebenslinie beginnt sehr nahe am Daumen	+3		
5 Lebens- und Kopflinie laufen am Anfang zusammen	+3		
6 Kopflinie beginnt deutlich unter dem Zeigefingerberg	+1		
7 Kopflinie stark gegen die Herzlinie gebogen	+1		
8 Herzlinie läuft parallel zur Kopflinie	+2		
9 Herzlinie in der linken Hand stärker ausgeprägt als in der rechten	+1		
10 Schicksalslinie fehlt oder sehr kurz und kräftig	+2		
11 Schicksalslinie beginnt in der Handmitte	+1		
12 Erfolgs- oder Glückslinie fehlen	+1		
13 Emotionslinien zwischen Herz- und Kopflinie fehlen	+2		
14 Kleiner Daumenberg schwach ausgeprägt und klare Linie(n) darauf	+1		
15 Mittelfingerberg stark ausgeprägt oder viele klare Linien darauf	+3		
Pluspunkte:			

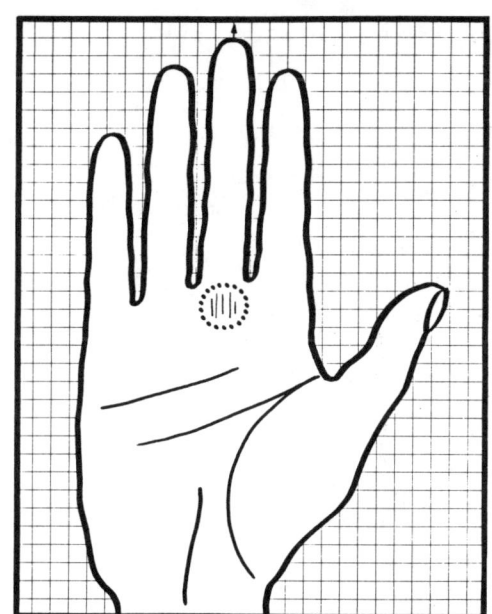

*Selbstbeherr-
schung plus*

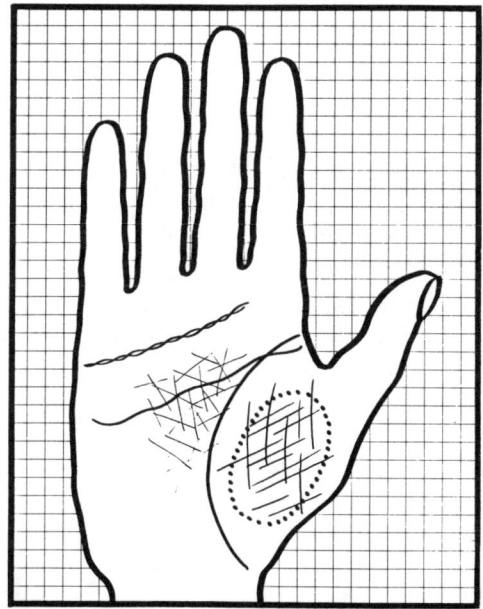

*Selbstbeherr-
schung minus*

Punkte	Linke Hand	Rechte Hand
16 Handfläche breit und länger als die Finger -2		
17 Dritte Handzone beziehungsweise Fingerglieder besonders betont oder länger -1		
18 Handfläche sehr hügelig oder zerfurcht -3		
19 Handfläche von vielen Linien kreuz und quer überzogen -3		
20 Lebenslinie beginnt oberhalb der Kopflinie -2		
21 Lebens- und Kopflinie laufen am Anfang nicht zusammen -2		
22 Kopflinie läuft am Ende nach oben -1		
23 Kopflinie wellig oder kettenförmig -1		
24 Kopflinie geschwungen oder stark gebogen -1		
25 Herzlinie sehr breit und ausgewaschen oder kettenförmig -2		
26 Herzlinie beginnt sehr hoch, nahe des kleinen Fingers -1		
27 Schicksalslinie zerstückelt oder durchschnitten und mit Brüchen -1		
28 Großer Daumenberg sehr stark ausgeprägt und tiefe Linien darauf -3		
29 Kleiner Daumenberg stark ausgeprägt oder deutliche Linie(n) darauf -1		
30 Oberer Außenhandberg stark ausgeprägt und deutliche Linien darauf -1		
Minuspunkte:		

Auswertungstabelle Selbstbeherrschung

	Linke Hand	Rechte Hand
Pluspunkte:		
Minuspunkte:		
Testergebnis:		

Das bedeuten die Punkte:

+9 und mehr Punkte

Selbstbeherrschung und Disziplin sehr stark. Innerlich sehr gefestigt. Ist durch nichts aus der Ruhe zu bringen. Auch in Ausnahmesituationen jederzeit Herr der Lage. +12 und mehr Punkte: Nerven wie Drahtseile. Gefahr, sich selbst stark einzuengen. Selbstverleugnung.

+3 bis +8 Punkte

Selbstbeherrschung und Disziplin stark. Macht einen gefestigten Eindruck und läßt sich nicht beirren. Bleibt immer ruhig und gelassen. Sehnt sich nach einem geordneten Leben.

−2 bis +2 Punkte

Selbstbeherrschung und Disziplin durchschnittlich. Läßt sich nicht nur von seinen Gefühlen, sondern auch von der Vernunft leiten. Verhält sich in den meisten Situationen ruhig und gelassen.

−3 bis −8 Punkte

Selbstbeherrschung und Disziplin schwach. Das innere Gleichgewicht fehlt. Ist deshalb häufig sehr unberechenbar und leicht aus der Fassung zu bringen. Es fällt ihm schwer, sein Verhalten zu kontrollieren.

−9 und mehr Punkte

Selbstbeherrschung und Disziplin sehr schwach. Ist unfähig, sein Verhalten zu kontrollieren. Läßt sich gehen. Ist bei Schwierigkeiten immer gleich aufbrausend und taktlos. −12 und mehr Punkte: Völlig hemmungslos und ohne Halt. Unkontrollierte Wutanfälle.

Konzentrationsvermögen

	Punkte	Linke Hand	Rechte Hand
1 Handform eckig und Handfläche länger als die Finger	+2		
2 Zweite Handzone beziehungsweise Fingerglieder besonders betont oder am längsten	+3		
3 Mittelfinger lang oder besonders betont	+3		
4 Wenige, aber klare Linien in der Hand	+2		
5 Kopflinie klar und deutlich oder lang und gerade	+3		
6 Kopflinie läuft am Ende leicht nach oben	+1		
7 Kopflinie beginnt klar und deutlich unter dem Zeigefingerberg	+1		
8 Abstand zwischen Kopf- und Herzlinie sehr eng			
9 Schicksalslinie sehr klar und kräftig	+1		
10 Schicksalslinie läuft sehr gerade zum Mittelfinger	+2		
11 Erfolgslinie klar und deutlich ohne Brüche und Unterbrechungen	+1		
12 Glückslinie klar und deutlich ohne Brüche und Unterbrechungen	+1		
13 Emotionslinie(n) zwischen Herz- und Kopflinie kräftig nach oben gebogen	+1		
14 Handgelenklinie(n) läuft sehr gerade um das Handgelenk	+2		
15 Oberer Außenhandberg ausgeprägt und klare Linien darauf	+1		
Pluspunkte:			

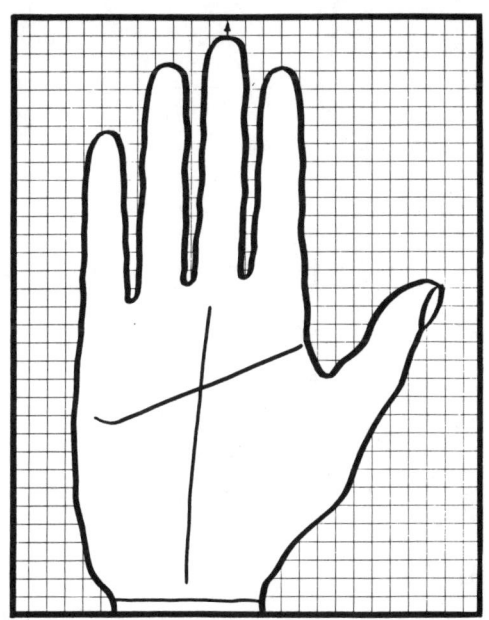

*Konzentrations-
vermögen plus*

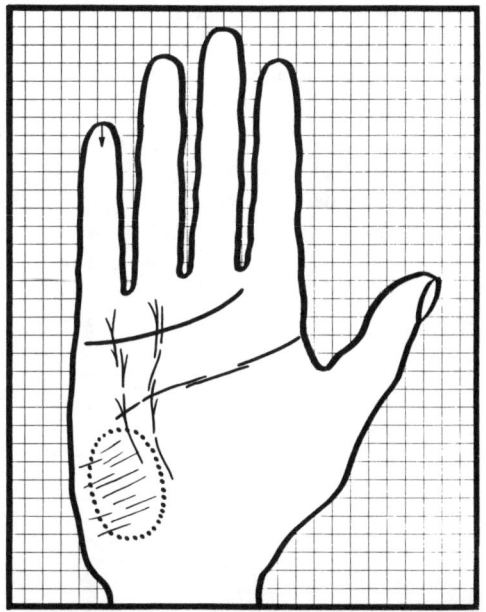

*Konzentrations-
vermögen minus*

57

	Punkte	Linke Hand	Rechte Hand
16 Dritte Handzone beziehungsweise Fingerglieder besonders betont oder am längsten	−2		
17 Kleiner Finger sehr kurz oder dünn	−1		
18 Sehr viele Linien in der Hand	−2		
19 Lebenslinie läuft zum unteren Außenhandberg	−1		
20 Kopflinie zittrig und verdreht oder wellig	−1		
21 Kopflinie doppelt oder sehr kurz	−1		
22 Kopflinie durchschnitten oder mit Brüchen und Unterbrechungen	−3		
23 Mehr abfallende als aufsteigende Linien oder viele Abzweigungen von der Kopflinie	−1		
24 Abstand zwischen Kopf- und Herzlinie weit	−2		
25 Herzlinie sehr tief und kräftig oder verwaschen und kettenförmig	−2		
26 Schicksalslinie durchschnitten oder mit Brüchen und Unterbrechungen	−1		
27 Erfolgs- und Glückslinie durchschnitten oder mit Brüchen und Unterbrechungen oder verzweigt	−3		
28 Emotionslinie(n) zwischen kleinem Finger und Herzlinie sehr tief und kräftig	−1		
29 Liebeslinie sehr tief und ausgewaschen	−1		
30 Unterer Außenhandberg ausgeprägt und viele Linien darauf	−3		
Minuspunkte:			

Auswertungstabelle
Konzentrationsvermögen

	Linke Hand	Rechte Hand
Pluspunkte:		
Minuspunkte:		
Testergebnis:		

Das bedeuten die Punkte:

+9 und mehr Punkte

Konzentrationsvermögen und Aufmerksamkeit sehr stark. Hat ein völlig unbeirrbares Aufgabenbewußtsein und läßt sich durch nichts ablenken. Ist sehr genau und fähig, sich vollkommen auf eine Sache zu konzentrieren. +12 und mehr Punkte: Neigt leicht zu verbohrtem und sturem Verhalten

+3 bis +8 Punkte

Konzentrationsvermögen und Aufmerksamkeit stark. Läßt sich nicht ablenken und besitzt die Fähigkeit, sich innerlich zu sammeln. Hat ein gutes Aufgabenbewußtsein. Was er sich einmal vorgenommen hat, führt er auch konsequent zu Ende.

−2 bis +2 Punkte

Konzentrationsvermögen und Aufmerksamkeit durchschnittlich. Ein guter Beobachter, der teilweise sehr von seinen Stimmungen abhängig ist. Ist eine Sache für ihn interessant, kann er sich gut konzentrieren.

−3 bis −8 Punkte

Konzentrationsvermögen und Aufmerksamkeit schwach. Läßt sich sehr leicht ablenken und verliert immer sehr schnell sein Ziel aus den Augen. Kann sich nicht ausdauernd auf eine Sache konzentrieren.

−9 und mehr Punkte

Konzentrationsvermögen und Aufmerksamkeit sehr schwach. Ist bei allem, was er tut, sehr zerstreut, planlos und unkontrolliert. Völlig unfähig, seine Aufmerksamkeit allein nur auf eine Sache zu richten. −12 und mehr Punkte: Unfähig, sich zu konzentrieren. Sehr leichtsinnig, oberflächlich und unfallgefährdet.

Zuverlässigkeit

	Punkte	Linke Hand	Rechte Hand
1 Harmonische Hand mit klaren deutlichen Linien und hoch angesetztem Daumen	+3		
2 Zeigefinger klein und ohne tiefe deutliche Linie(n)	+1		
3 Mittelfinger sehr lang oder klare deutliche Linie(n) darauf	+3		
4 Ringfinger länger als der Zeigefinger und besonders betont	+1		
5 Abstand zwischen Lebens- und Kopflinie am Anfang sehr eng	+1		
6 Kopflinie klar und deutlich ohne Brüche und Unterbrechungen	+3		
7 Herzlinie sehr lang	+1		
8 Herzlinie fein verästelt und klar	+1		
9 Schicksalslinie läuft gerade zum Mittelfinger	+2		
10 Schicksalslinie doppelt oder sehr klar und deutlich ohne Brüche und Unterbrechungen	+2		
11 Erfolgs- oder Glückslinie laufen gerade ohne Brüche und Unterbrechungen zu den Fingern	+1		
12 Emotionslinien zwischen kleinem Finger und Kopflinie sehr klar und deutlich	+1		
13 Handgelenklinie(n) läuft klar und deutlich gerade um das Handgelenk	+2		
14 Zeigefingerberg ausgeprägt und klare Linie(n) darauf	+1		
15 Ringfingerberg ausgeprägt und klare Linie(n) darauf	+2		
Pluspunkte:			

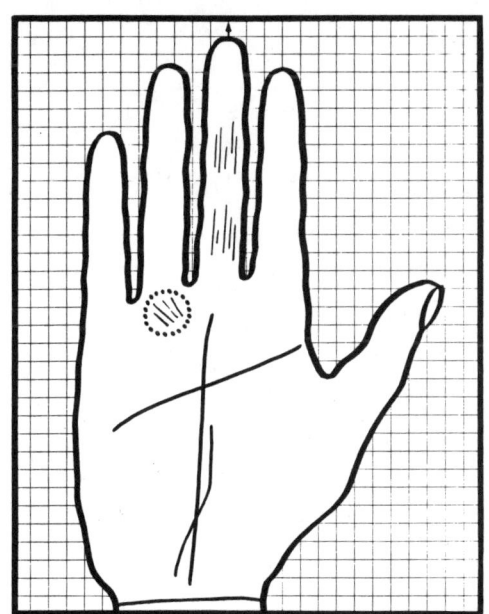

*Zuverlässigkeit
plus*

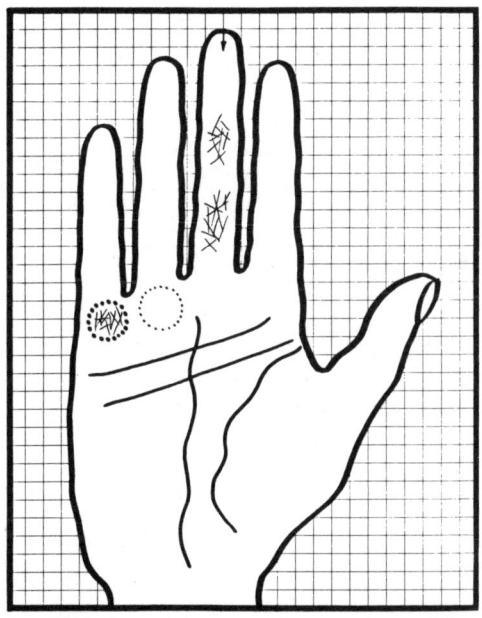

*Zuverlässigkeit
minus*

	Punkte	Linke Hand	Rechte Hand
16 Mittelfinger sehr kurz oder unklare verworrene Linien darauf	−3		
17 Kleiner Finger sehr lang oder besonders betont	−1		
18 Haupt- oder Nebenlinien ändern abrupt ihre Richtung oder sehr unübersichtliche verworrene Linien in der Hand	−1		
19 Abzweigung der Lebenslinie läuft tief in den großen Daumenberg	−1		
20 Lebens- oder Schicksalslinie wellenförmig	−2		
21 Kopflinie ketten- oder wellenförmig	−2		
22 Kopflinie fehlt oder sehr kurz	−1		
23 Kopflinie häufig durchschnitten oder mit großen Brüchen und Unterbrechungen	−1		
24 Kopf- und Herzlinie laufen gerade und parallel nebeneinander	−3		
25 Herzlinie fehlt oder sehr kurz	−1		
26 Herzlinie beginnt sehr hoch, nahe des kleinen Fingers oder läuft zum Ringfinger	−1		
27 Herzlinie läuft zur Handkante und gabelt sich oder läuft sehr tief, nahe der Kopflinie	−1		
28 Glückslinie wellenförmig oder häufig durchschnitten	−1		
29 Ringfingerberg sehr schwach ausgeprägt	−2		
30 Kleiner Fingerberg sehr stark ausgeprägt und verworrene Linien darauf	−3		
	Minuspunkte:		

Auswertungstabelle Zuverlässigkeit

	Linke Hand	Rechte Hand
Pluspunkte:		
Minuspunkte:		
Testergebnis:		

Das bedeuten die Punkte:

+9 und mehr Punkte

Zuverlässigkeit sehr stark. Ist in allem sehr offen und absolut ehrlich. Man kann sich vollkommen auf ihn verlassen. Bei ihm läuft alles nach einem festen, unumstößlichen Plan. +12 und mehr Punkte: Übertriebene Gewissenhaftigkeit. Ein Moralist, der keine menschliche Schwäche akzeptiert.

+3 bis +8 Punkte

Zuverlässigkeit stark. Ein sehr gewissenhafter und vertrauenswürdiger Mensch, der sehr ehrlich und aufrichtig ist. Hält unbeirrbar an der Wahrheit fest. Man kann sich auf sein Wort verlassen.

−2 bis +2 Punkte

Zuverlässigkeit durchschnittlich. Ist im großen und ganzen sehr vertrauenswürdig und ehrlich. Hat aber keine Hemmungen, wenn es die Situation erfordert, eine Notlüge zu begehen. Was er macht, hat immer Hand und Fuß.

−3 bis −8 Punkte

Zuverlässigkeit schwach. Nimmt es mit der Wahrheit nicht immer sehr genau. Versteht es geschickt, die Tatsachen zu verdrehen. Ist um Ausreden nie verlegen. Nimmt alles auf die leichte Schulter. Nicht unbedingt ein Muster an Gewissenhaftigkeit.

−9 und mehr Punkte

Zuverlässigkeit sehr schwach. Nimmt es mit der Wahrheit überhaupt nicht genau. Wahrheit und Lüge liegen häufig sehr nahe zusammen. Neigt dazu, sich selbst und seiner Umwelt etwas vorzumachen. Haßt jede Art von Zwang und Verpflichtung. −12 und mehr Punkte: Sehr unzuverlässig und unehrlich. Lügner. Ist nur auf seinen Vorteil bedacht.

Aggression

	Punkte	Linke Hand	Rechte Hand
1 Handform eckig und breit	+1		
2 Daumen groß und stark	+1		
3 Daumen steif, unbeweglich und eng-anliegend	+2		
4 Zeigefinger länger als der Ringfinger	+1		
5 Kleiner Finger kurz und dick	+1		
6 Lebenslinie sehr breit und ausgewaschen oder Abzweigung(en) von ihr laufen zum oberen Außenhandberg	+1		
7 Lebenslinie beginnt über der Kopflinie auf dem Zeigefingerberg	+2		
8 Kopflinie wellig mit abfallenden Linien	+2		
9 Kopflinie durchschnitten oder mit Brüchen und Unterbrechungen	+3		
10 Kopf- und Herzlinie fallen zusammen	+1		
11 Emotionslinie(n) zwischen Herz- und Kopflinie kräftig und durchschnitten oder nach unten gebogen	+1		
12 Liebeslinie kettenförmig oder durchschnitten oder gebrochen	+1		
13 Kleiner Daumenberg ausgeprägt oder deutliche Linien darauf	+3		
14 Zeigefingerberg stark ausgeprägt und verworrene Linien darauf	+3		
15 Oberer Außenhandberg stark ausgeprägt und verworrene Linien darauf	+2		
Pluspunkte:			

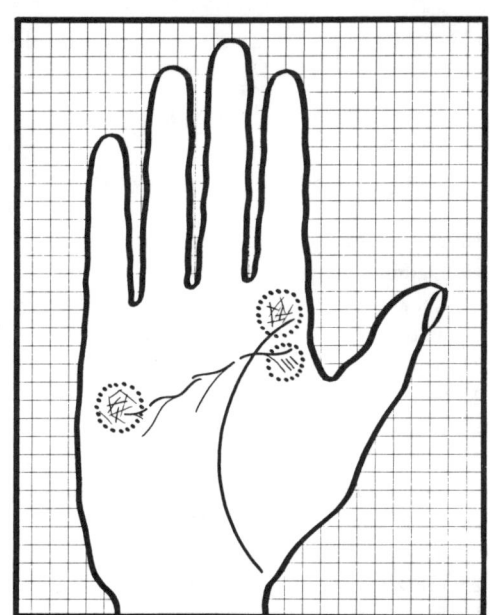

Aggression plus

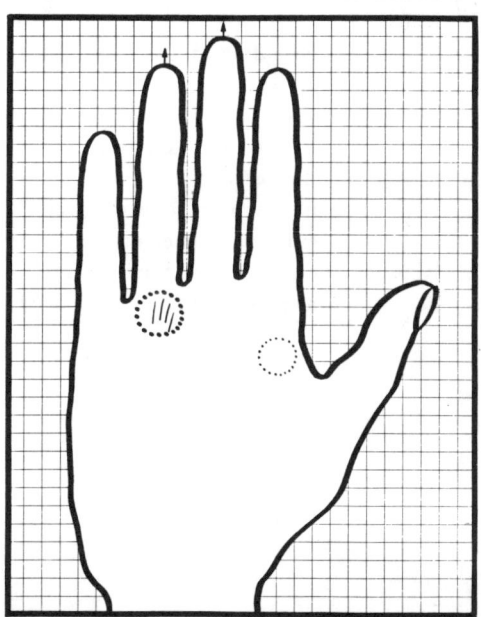

Aggression minus

Punkte	Linke Hand	Rechte Hand
16 Sehr weiche bewegliche Hand und ovale Handform −1		
17 Linien und Berge in beiden Händen nahezu gleich −2		
18 Handfläche sehr flach und glatt −2		
19 Daumen beweglich, geschmeidig und tief angesetzt −2		
20 Mittelfinger lang oder besonders betont −2		
21 Ringfinger länger als der Zeigefinger −3		
22 Sehr wenige oder dünne Linien in der Hand −1		
23 Lebenslinie läuft in weitem Bogen um den Daumenballen bis zur Handmitte −1		
24 Kopflinie liegt sehr tief in der Hand, nahe der Lebenslinie −1		
25 Herzlinie doppelt oder gegabelt −1		
26 Herzlinie läuft zwischen Zeige- und Mittelfinger −1		
27 Schicksalslinie läuft leicht geschwungen zum Mittelfinger −1		
28 Erfolgslinie läuft auf den Ringfingerberg, oder Glückslinie verzweigt auf dem kleinen Fingerberg −1		
29 Kleiner Daumenberg fehlt oder schwach ausgeprägt und wenig Linien darauf −3		
30 Ringfingerberg ausgeprägt oder klare deutliche Linie(n) darauf −3		
Minuspunkte:		

Auswertungstabelle Aggression

	Linke Hand	Rechte Hand
Pluspunkte:		
Minuspunkte:		
Testergebnis:		

Das bedeuten die Punkte:

+9 und mehr Punkte

Aggression sehr stark. Ist sehr streitsüchtig und völlig unverträglich. Rechthaberisch und immer gleich sehr aufbrausend; versteht keinen Spaß. Fühlt sich ständig angegriffen und provoziert. +12 und mehr Punkte: Unruhestifter. Sucht ständig Streit und kann dabei sehr bösartig sein. Neigt zu Brutalität und Wutanfällen.

+3 bis +8 Punkte

Aggression stark. Sucht die Auseinandersetzung und provoziert seine Umwelt gern. Ist sehr reizbar und leicht beleidigt, auch bei Kleinigkeiten. Reagiert bei Konflikten immer sehr überempfindlich und heftig.

−2 bis +2 Punkte

Aggression durchschnittlich. Ist im großen und ganzen eigentlich recht verträglich und umgänglich. Nur bei auftretenden Schwierigkeiten oder wenn er sich bedroht fühlt, kann er sehr aggressiv und böse reagieren.

−3 bis −8 Punkte

Aggression schwach. Ist ausgesprochen friedlich, sanftmütig und umgänglich. Läßt sich nicht provozieren und hält sich grundsätzlich aus Streitereien heraus. Hat für alles Verständnis.

−9 und mehr Punkte

Aggression sehr schwach. Ein sehr friedlicher und nachgiebiger Mensch, der sich nach Ruhe und Harmonie sehnt. Um Streit und Auseinandersetzungen zu vermeiden, verzichtet er lieber auf seine Ansprüche. −12 und mehr Punkte: Opfertum. Wehrt sich nicht, auch wenn er angegriffen wird.

Angst

	Punkte	Linke Hand	Rechte Hand
1 Linien und Berge in der Linken stärker ausgeprägt als in der Rechten	+3		
2 Finger sehr lang und feingliedrig	+1		
3 Viele dünne Linien in der Handmitte	+2		
4 Lebenslinie kurz, zart und dünn	+1		
5 Lebenslinie wellig oder verästelt	+2		
6 Mehr abfallende als aufsteigende Linien von der Lebens- oder Kopflinie	+3		
7 Lebens- und Kopflinie laufen am Anfang länger zusammen	+1		
8 Kopflinie zart und dünn	+1		
9 Kopflinie läuft nach unten auf den unteren Außenhandberg	+1		
10 Kopf- und Herzlinie fallen zusammen	+2		
11 Herzlinie beginnt sehr hoch, nahe des kleinen Fingers, oder läuft auf den Mittelfingerberg	+1		
12 Schicksalslinie läuft am Anfang parallel zur Lebenslinie oder besteht aus mehreren kleinen Linien	+1		
13 Emotionslinien zwischen kleinem Finger und Kopflinie zart und dünn	+2		
14 Kleiner Daumenberg fehlt oder schwach ausgeprägt	+3		
15 Oberer Außenhandberg fehlt oder schwach ausgeprägt	+1		
Pluspunkte:			

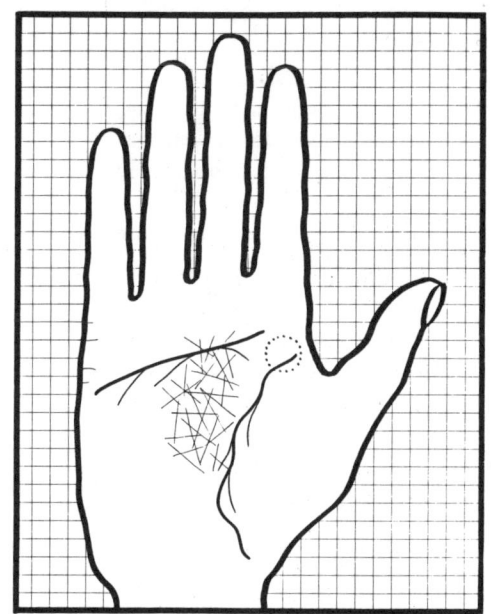

Angst plus

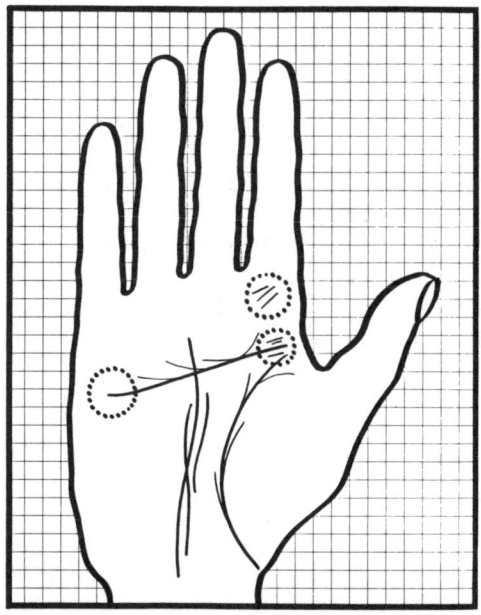

Angst minus

69

	Punkte	Linke Hand	Rechte Hand
16 Linien und Berge in der Rechten stärker ausgeprägt als in der Linken	−1		
17 Handfläche eckig oder betont und länger als die Finger	−2		
18 Daumen groß und kräftig oder Zeigefinger länger als der Ringfinger	−1		
19 Zwei parallel verlaufende Lebenslinien	−1		
20 Lebens- und Kopflinie laufen am Anfang nicht zusammen	−1		
21 Abstand zwischen Lebens- und Kopflinie sehr weit	−1		
22 Mehr aufsteigende als absteigende Linien von der Lebens- und Kopflinie	−2		
23 Kopflinie beginnt klar und deutlich auf dem Zeigefingerberg	−1		
24 Herzlinie am Anfang und Ende nicht gegabelt, oder sie beginnt sehr tief auf der Handkante	−1		
25 Kopflinie läuft auf den oberen Außenhandberg	−3		
26 Schicksalslinie doppelt oder mehrfach	−2		
27 Handgelenklinie(n) kettenartig	−1		
28 Kleiner Daumenberg stark ausgeprägt oder deutliche Linie(n) darauf	−3		
29 Zeigefingerberg stark ausgeprägt und deutliche Linie(n) darauf	−3		
30 Oberer Außenhandberg ausgeprägt	−2		
Minuspunkte:			

Auswertungstabelle Angst

	Linke Hand	Rechte Hand
Pluspunkte:		
Minuspunkte:		
Testergebnis:		

Das bedeuten die Punkte:

+9 und mehr Punkte

Angst sehr stark. Sieht überall Gefahren lauern und fühlt sich von seiner Umwelt bedroht. Ist seinen zwanghaften Ängsten vollkommen hilflos ausgeliefert. Hat ein übertriebenes Sicherheitsbedürfnis. +12 und mehr Punkte: Phobie. Seine Ängste haben schon krankhafte Formen angenommen. Braucht sehr dringend Hilfe.

+3 bis +8 Punkte

Angst stark. Lebt in ständiger Erwartung, daß etwas Schreckliches passieren könnte. Gerät deshalb immer sehr leicht in Panik. Ein Sicherheitsfanatiker, der sehr unter seinen Ängsten leidet.

−2 bis +2 Punkte

Angst durchschnittlich. Unter normalen Bedingungen nicht so leicht zu beunruhigen. Hat Angst wie jeder Mensch, wird aber damit fertig. Fordert die Gefahr nicht heraus. Ist bei allem Neuen und Unbekannten vorsichtig.

−3 bis −8 Punkte

Angst schwach. Ist mutig und unerschrocken. Liebt das Abenteuer. Läßt seine Ängste erst gar nicht aufkommen. Stellt sich seinen Schwierigkeiten.

−9 und mehr Punkte

Angst sehr schwach. Mutig bis verwegen, liebt das Risiko. Eine Spielernatur und ein Draufgänger, der keine Ängste zu kennen scheint. −12 und mehr Punkte: Fordert die Gefahr gerne heraus. Ist häufig zu leichtsinnig. Ein Hasardeur.

Fähigkeiten und Beruf in der Hand

Praktische und handwerkliche Begabung

	Punkte	Linke Hand	Rechte Hand
1 Handform eckig	+3		
2 Erste Handzone beziehungsweise Fingerglieder betont oder am längsten	+2		
3 Große oder kurze, kräftige Hand	+2		
4 Kräftiger, fester Daumen	+1		
5 Kopflinie läuft nur bis in die Mitte der Hand	+2		
6 Kopflinie läuft zum oberen Außenhandberg	+1		
7 Kopflinie sehr blaß, undeutlich oder ausgewaschen	+2		
8 Herzlinie sehr hoch, nahe den Fingerwurzeln	+1		
9 Herzlinie steigt nicht auf zu den Fingern	+1		
10 Schicksalslinie läuft nur bis zur Kopflinie	+1		
11 Erfolgslinie fehlt	+1		
12 Großer Daumenberg stark ausgeprägt	+1		
13 Mittelfingerberg ist schwach ausgeprägt oder fehlt	+3		
14 Ringfingerberg ist schwach ausgeprägt oder fehlt	+3		
15 Unterer Außenhandberg schwach ausgeprägt oder mit vielen Linien darauf	+1		
Pluspunkte:			

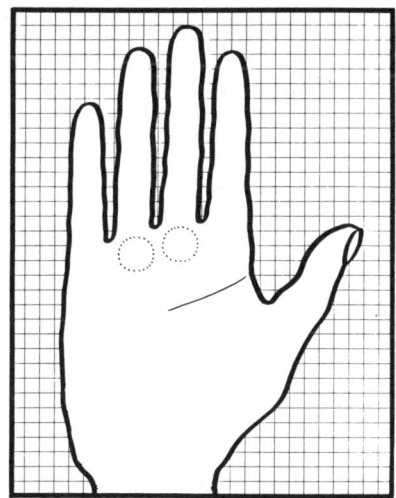

Praktische Begabung

Das bedeuten die Punkte:

+12 und mehr Punkte

Praktische Begabung sehr stark. Manuell sehr geschickt. Ist für alle handwerklichen Tätigkeiten hervorragend geeignet. Sichere Hand, gutes Auge.

+6 bis +11 Punkte

Praktische Begabung stark. Manuell geschickt. Ist für alle handwerklichen Tätigkeiten gut geeignet. Lehnt Theorie ab.

+4 bis +5 Punkte

Praktische Begabung durchschnittlich. Manuell zwar nicht unbegabt und für handwerkliche Tätigkeiten durchaus geeignet, aber es fehlt die nötige Übung, um Überdurchschnittliches zu leisten.

+2 bis +3 Punkte

Praktische Begabung schwach. Manuell ungeschickt. Ist für handwerkliche Tätigkeiten nicht sehr geeignet. Seine Talente liegen eindeutig woanders.

0 bis +1 Punkt

Praktische Begabung sehr schwach. Manuell sehr ungeschickt. Ist für handwerkliche Tätigkeiten überhaupt nicht geeignet. Ein Theoretiker.

Kaufmännische Begabung

	Punkte	Linke Hand	Rechte Hand
1 Finger gleich lang oder länger als die Handfläche	+1		
2 Erstes Daumenglied sehr dick und breit	+2		
3 Zeigefinger an der Basis breiter als die anderen Finger	+1		
4 Kleiner Finger lang und betont oder tiefe deutliche Linien auf ihm	+1		
5 Abzweigung(en) von der Kopf- zur Lebenslinie oder Abzweigung von der Lebenslinie zum Zeigefingerberg	+2		
6 Kopflinie steigt am Ende leicht zum kleinen Finger an	+1		
7 Kopflinie beginnt im Zeigefingerberg oder eine Abzweigung der Kopflinie läuft auf den Zeigefingerberg	+3		
8 Kopflinie läuft gerade durch die ganze Hand	+1		
9 Herzlinie läuft relativ gerade durch die Hand	+3		
10 Herzlinie läuft auf den Mittelfingerberg	+1		
11 Schicksalslinie ist tief und deutlich oder endet im Mittelfingerberg	+2		
12 Glückslinie ausgeprägt oder am Ende verästelt oder gegabelt	+1		
13 Wohlstandslinie läuft in Richtung des kleinen Fingers oder gabelt sich am Ende	+3		
14 Zeigefingerberg sehr ausgeprägt oder mehrere Linien darauf	+1		
15 Kleiner Fingerberg ausgeprägt oder mehrere Linien darauf	+2		
Pluspunkte:			

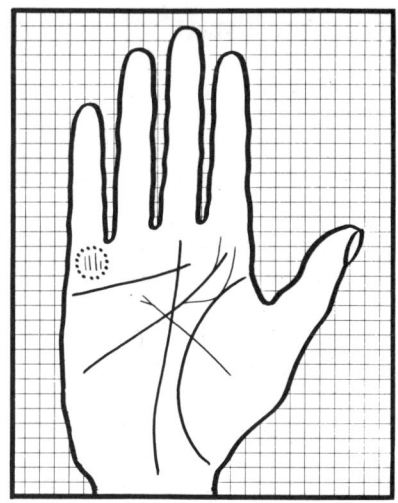

Kaufmännische Begabung

Das bedeuten die Punkte:

+12 und mehr Punkte
Kaufmännische Begabung sehr stark. Die Fähigkeiten für alle organisatorischen Tätigkeiten sind hervorragend ausgeprägt. Kann sehr gut mit Geld umgehen. Karriere als Manager.

+6 bis +11 Punkte
Kaufmännische Begabung stark. Die Fähigkeiten für alle organisatorischen Tätigkeiten sind gut ausgeprägt. Behält immer den Überblick. Talent zum Unternehmer.

+4 bis +5 Punkte
Kaufmännische Begabung durchschnittlich. Die Anlagen, in organisatorischen Tätigkeiten erfolgreich zu sein, sind durchaus vorhanden, aber noch nicht ausreichend gefördert und geschult.

+2 bis +3 Punkte
Kaufmännische Begabung schwach. Die Fähigkeiten für organisatorische Tätigkeiten sind schwach ausgeprägt. Zum Manager nicht sehr geeignet. Verliert leicht den Überblick.

0 bis +1 Punkt
Kaufmännische Begabung sehr schwach. Die Fähigkeiten für organisatorische Tätigkeiten sind sehr schwach ausgeprägt. Zum Unternehmer völlig ungeeignet. Kann nicht mit Geld umgehen.

Wissenschaftliche Begabung

	Punkte	Linke Hand	Rechte Hand
1 Zweite Handzone beziehungsweise Fingerglieder betont oder am längsten	+2		
2 Finger länger als die Handfläche oder mit ausgeprägten Knöcheln	+3		
3 Daumen schlank und lang	+1		
4 Mittelfinger lang oder tiefe deutliche Linie(n) auf ihm	+2		
5 Kleiner Finger betont oder viele kleine Linien auf ihm	+1		
6 Abstand zwischen gut ausgeprägter Lebens- und Kopflinie am Anfang groß (1 cm u.m.)	+3		
7 Kopflinie, tief und deutlich, läuft zum oberen Außenhandberg oder steigt am Ende leicht an	+1		
8 Kopflinie beginnt klar und deutlich unter dem Zeigefinger und läuft über die ganze Hand	+1		
9 Kopf- und Herzlinie gabeln sich am Anfang oder Ende	+3		
10 Herzlinie fehlt oder liegt sehr tief, nahe der Kopflinie	+1		
11 Herzlinie läuft relativ gerade durch die Hand oder parallel zur Kopflinie	+2		
12 Glückslinie ausgeprägt oder doppelt	+1		
13 Wohlstandslinie läuft zum Mittelfinger	+1		
14 Mittelfingerberg ausgeprägt oder klare Linie(n) darauf	+2		
15 Kleiner Fingerberg ausgeprägt oder klare Linie(n) darauf	+1		
Pluspunkte:			

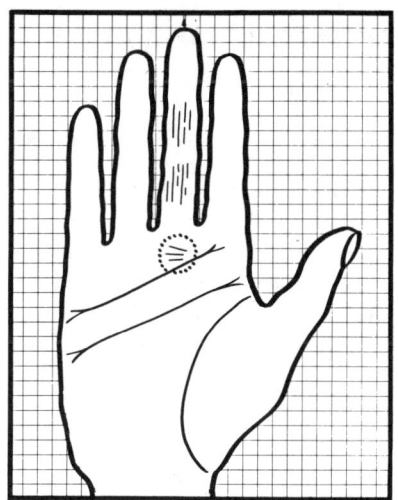

*Wissenschaftliche
Begabung*

Das bedeuten die Punkte:

+12 und mehr Punkte
Wissenschaftliche Begabung sehr stark. Die Fähigkeit, logisch-abstrakt zu denken, ist hervorragend ausgeprägt. Geht bei allen Problemen immer sehr systematisch und analytisch vor. Überbetont den Intellekt. Karriere als Wissenschaftler und Forscher.

+6 bis +11 Punkte
Wissenschaftliche Begabung stark. Die Fähigkeit, logisch-abstrakt zu denken, ist gut ausgeprägt. Geht bei allen Problemen immer systematisch und nach einem festen Plan vor. Talent zum Wissenschaftler und Forscher.

+4 bis +5 Punkte
Wissenschaftliche Begabung durchschnittlich. Um in Wissenschaft und Forschung erfolgreich zu sein, müßten vorhandene Anlagen, logisch-abstrakt zu denken, noch mehr geschult werden.

+2 bis +3 Punkte
Wissenschaftliche Begabung schwach. Die Fähigkeit, logisch-abstrakt zu denken, ist sehr schwach ausgeprägt. Zum Wissenschaftler und Forscher nicht sehr geeignet.

0 bis +1 Punkt
Wissenschaftliche Begabung sehr schwach. Ist unfähig, logisch-abstrakt zu denken. Zum Wissenschaftler völlig ungeeignet.

Urteilsvermögen

	Punkte	Linke Hand	Rechte Hand
1 Finger kräftig, gut proportioniert und länger als die Handfläche	+1		
2 Zweite Handzone beziehungsweise Fingerglieder betont oder am längsten	+3		
3 Daumen lang und gut proportioniert	+1		
4 Mittelfinger lang oder besonders betont	+1		
5 Kleiner Finger lang oder besonders betont	+3		
6 Sehr klare, übersichtliche Linien in der Handfläche	+2		
7 Lebens- und Kopflinie laufen am Anfang nicht zusammen oder Abstand zwischen beiden sehr weit	+1		
8 Kopflinie sehr klar und deutlich	+1		
9 Kopflinie beginnt auf dem Zeigefingerberg	+1		
10 Kopflinie gabelt oder verzweigt sich am Anfang oder Ende oder doppelt	+3		
11 Kopflinie läuft relativ gerade bis zum Handrand	+1		
12 Herzlinie lang, fein und verästelt	+1		
13 Schicksalslinie verästelt oder durchschnitten	+1		
14 Glückslinie gegabelt oder verzweigt oder doppelt	+2		
15 Kleiner Fingerberg stark ausgeprägt oder klare Linie(n) darauf	+2		
Pluspunkte:			

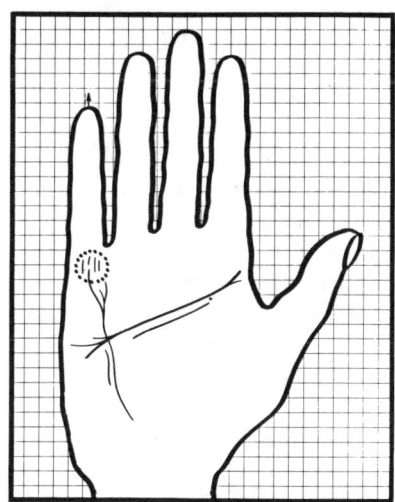

Urteilsvermögen

Das bedeuten die Punkte:

+12 und mehr Punkte

Urteilsvermögen sehr stark. Ist hervorragend begabt, sich objektiv und sachlich mit Problemen auseinanderzusetzen. Ein ausgezeichneter, sehr scharfsinniger Kritiker.

+6 bis +11 Punkte

Urteilsvermögen stark. Ist fähig, sich objektiv und sachlich mit Problemen auseinanderzusetzen. Kritikfähig und scharfsinnig, kann man sich auf sein Urteil vollkommen verlassen.

+4 bis +5 Punkte

Urteilsvermögen durchschnittlich. Sieht die Umwelt nüchtern und objektiv. Ein sachlicher Kritiker ohne Vorurteile mit ausgeprägtem Wirklichkeitssinn.

+2 bis +3 Punkte

Urteilsvermögen schwach. Es fällt ihm schwer, sich objektiv und sachlich mit Problemen auseinanderzusetzen. Hat nur wenig Kritikfähigkeit. Neigt dazu, die Dinge zu vereinfachen.

0 bis +1 Punkt

Urteilsvermögen sehr schwach. Ist unfähig, sich objektiv und sachlich mit Problemen auseinanderzusetzen. Kritikfähigkeit fehlt. Hat keine eigene Meinung und keinen Wirklichkeitssinn.

Künstlerische Begabung

	Punkte	Linke Hand	Rechte Hand
1 Handform spitz oder Hand lang und schlank	+1		
2 Ringfinger länger als der Zeigefinger oder tiefe deutliche Linie(n) auf ihm	+2		
3 Viele tiefe deutliche Linien in der Hand	+1		
4 Kopflinie kettenartig	+1		
5 Kopflinie läuft nach unten in den unteren Außenhandberg	+3		
6 Schicksalslinie beginnt im unteren Außenhandberg	+1		
7 Erfolgs- oder Glückslinie beginnt im unteren Außenhandberg	+3		
8 Erfolgslinie ausgeprägt	+2		
9 Erfolgslinie zerfasert oder gegabelt	+1		
10 Mehrere Erfolgs- oder Glückslinien	+3		
11 Tiefe deutliche Emotionslinie(n) zwischen Herz- und Kopflinie	+1		
12 Ringfingerberg ausgeprägt	+1		
13 Auf dem Ringfingerberg oder daneben klare Linie(n)	+2		
14 Unterer Außenhandberg ausgeprägt	+2		
15 Klare oder verworrene Linie(n) auf dem unteren Außenhandberg	+1		
Pluspunkte:			

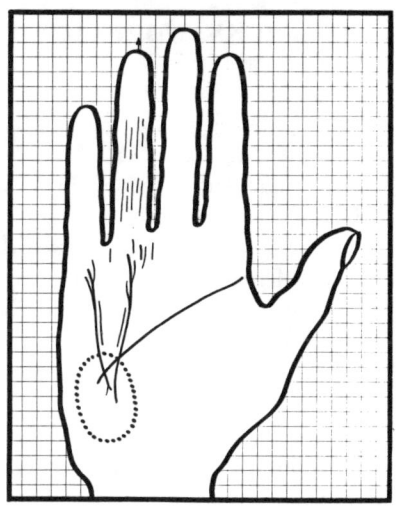

Künstlerische Begabung

Das bedeuten die Punkte:

+12 und mehr Punkte

Künstlerische Begabung sehr stark. Sehr kreativ und ungewöhnlich einfallsreich. Überragende, sehr ausgefallene Phantasie. Hat ständig neue Ideen. Karriere als Künstler oder Erfinder.

+6 bis +11 Punkte

Künstlerische Begabung stark. Kreativ und einfallsreich. Hat eine sehr originelle Einbildungskraft und ein anschauliches Vorstellungsvermögen. Talent zum Künstler oder Erfinder.

+4 bis +5 Punkte

Künstlerische Begabung durchschnittlich. Phantasie und Vorstellungsvermögen sind manchmal ein wenig oberflächlich. Könnte kreativer und einfallsreicher sein, wenn die durchaus vorhandenen Anlagen noch mehr geschult und gefördert würden.

+2 bis +3 Punkte

Künstlerische Begabung schwach. Nicht sehr kreativ und einfallsreich. Begrenzte Einbildungskraft. In allem sehr realitätsbezogen und sachlich. Für künstlerische Tätigkeiten nicht geeignet.

0 bis +1 Punkt

Künstlerische Begabung sehr schwach. Phantasielos und sehr begrenzte Einbildungskraft. Für ihn zählt nur das Konkrete und Vorstellbare. Für künstlerische Tätigkeiten völlig ungeeignet.

Ausdrucksfähigkeit

	Punkte	Linke Hand	Rechte Hand
1 Linien und Berge in der Rechten stärker ausgeprägt als in der Linken	+1		
2 Dritte Handzone beziehungsweise Fingerglieder betont oder am längsten	+1		
3 Ringfinger betont und klare Linie(n) darauf	+1		
4 Kleiner Finger sehr lang oder besonders betont	+3		
5 Viele klare Linien in der Handfläche	+2		
6 Kopflinie ist nach unten abgebogen	+1		
7 Kopflinie wellenförmig geschwungen	+1		
8 Kopf- und Herzlinie laufen nahezu parallel	+2		
9 Herzlinie klar und deutlich leicht geschwungen	+1		
10 Schicksalslinie doppelt oder mehrfach	+2		
11 Glückslinie deutlich ausgeprägt, läuft bis zum kleinen Finger	+2		
12 Glückslinie doppelt oder gegabelt oder verzweigt	+3		
13 Kleiner Fingerberg stark ausgeprägt	+3		
14 Klare Linien auf dem kleinen Fingerberg	+1		
15 Unterer Außenhandberg ausgeprägt und klare Linien darauf	+1		
Pluspunkte:			

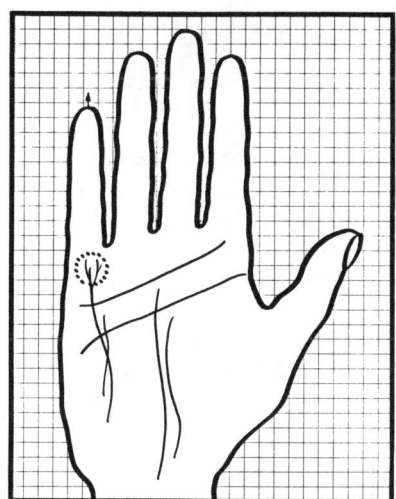

Ausdrucksfähigkeit

Das bedeuten die Punkte:

+12 und mehr Punkte

Ausdrucksfähigkeit sehr stark. Sprachlich hervorragend begabt und ein außergewöhnliches schauspielerisches Talent. Ist sehr schlagfertig und eigenwillig. Der geborene Redner.

+6 bis +11 Punkte

Ausdrucksfähigkeit stark. Sprachlich begabt und schauspielerisches Talent. Schlagfertig und einfallsreich, versteht er die Dinge wirklichkeitsnah und sehr einprägsam darzustellen.

+4 bis +5 Punkte

Ausdrucksfähigkeit durchschnittlich, kann sich gut ausdrücken, aber die Lebendigkeit und Anschaulichkeit der Sprache leidet häufig unter dem immer sehr kontrollierten und sachlichen Ausdruck.

+2 bis +3 Punkte

Ausdrucksfähigkeit schwach. Sprachlich unbegabt und kein schauspielerisches Talent. Der Ausdruck ist häufig unbeholfen.

0 bis +1 Punkt

Ausdrucksfähigkeit sehr schwach. Sprachlich völlig unbegabt. Kann sich nicht ausdrücken. Hat erhebliche Sprachhemmungen.

Intuitive Begabung

	Punkte	Linke Hand	Rechte Hand
1 Ovale Handform mit ungleichmäßigen Fingern und stark abgerundeten Fingerenden	+1		
2 Handfläche betont und länger als die Finger	+2		
3 Erste Handzone beziehungsweise Fingerglieder betont oder am längsten	+3		
4 Glatte Haut und zarte Linien in der Handfläche	+1		
5 Lebenslinie sehr breit und tief	+1		
6 Abzweigung(en) von der Lebenslinie zum unteren Außenhandberg	+1		
7 Lebens- und Kopflinie liegen weit auseinander und sind durch keine Abzweigung verbunden	+1		
8 Kopflinie läuft in den unteren Außenhandberg oder zum Handgelenk	+1		
9 Herzlinie entfernt sich von der Kopflinie	+1		
10 Schicksalslinie beginnt auf dem unteren Außenhandberg	+2		
11 Erfolgs- oder Glückslinie mehrfach gegabelt oder am Ende verästelt	+1		
12 Deutliche Emotionslinie(n) im unteren Drittel der Handkante oder Linien auf dem unteren Außenhandberg	+3		
13 Handgelenklinie(n) kettenartig leicht geschwungen, nicht gerade	+2		
14 Kleiner Fingerberg ausgeprägt und mit vielen kleinen Linien darauf	+2		
15 Unterer Außenhandberg ausgeprägt	+3		
Pluspunkte:			

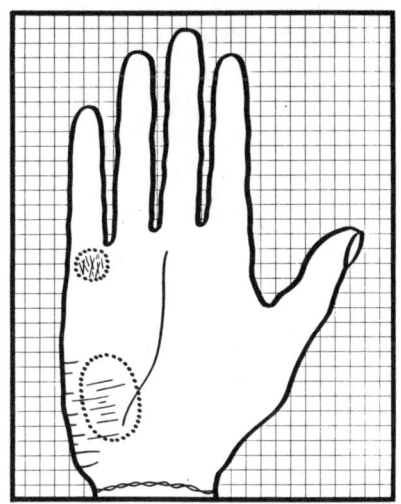

Intuitive Begabung

Das bedeuten die Punkte:

+12 und mehr Punkte

Intuitive Begabung sehr stark. Ist ausgesprochen sensibel. Läßt sich von Gefühlen leiten. Hat den sechsten Sinn und besitzt ungewöhnliche übersinnliche Fähigkeiten. Alles Mystische fasziniert ihn.

+6 bis +11 Punkte

Intuitive Begabung stark. Ist instinktsicher und sensibel. Läßt sich häufig von seinen Gefühlen leiten. Sehr interessiert an allem Mystischen und Okkulten.

+4 bis +5 Punkte

Intuitive Begabung durchschnittlich. Ist nur in Ausnahmesituationen bereit, sich von seinen Gefühlen leiten zu lassen. Steht übersinnlichen Phänomenen aufgeschlossen, aber mit Distanz gegenüber.

+2 bis +3 Punkte

Intuitive Begabung schwach. Nicht sehr instinktsicher und sensibel. Ist nicht bereit, sich von seinen Gefühlen leiten zu lassen. Lehnt alles Mystische und Okkulte ab.

0 bis +1 Punkt

Intuitive Begabung sehr schwach. Ihm fehlt jeder natürliche Instinkt. Mißtraut seinen eigenen Gefühlen. Als ausgesprochener Rationalist glaubt er nur das, was er auch sieht.

Partnerschaft und Liebe in der Hand

Dominanzstreben

	Punkte	Linke Hand	Rechte Hand
1 Kräftig geschmeidige Hand und eckige Handform	+1		
2 Finger sehr lang und feingliedrig	+1		
3 Winkel zwischen Daumen und Hand groß (80° u.m.)	+3		
4 Daumen stark und starr	+1		
5 Daumen lang und betont	+2		
6 Zeigefinger länger als der Ringfinger	+2		
7 Lebens- und Kopflinie laufen am Anfang nicht zusammen	+1		
8 Kopflinie läuft sehr gerade über die ganze Hand	+1		
9 Kopflinie beginnt auf dem Zeigefingerberg oder am Anfang und Ende gegabelt	+2		
10 Herzlinie sehr klar und deutlich	+1		
11 Herzlinie läuft relativ gerade über die Hand auf den Zeigefingerberg	+1		
12 Schicksalslinie läuft zum Zeigefinger	+1		
13 Kleiner Daumenberg stark ausgeprägt oder deutliche Linie(n) darauf	+3		
14 Zeigefingerberg stark ausgeprägt oder deutliche Linie(n) darauf	+3		
15 Kleiner Finger oder oberer oder unterer Außenhandberg stark ausgeprägt oder deutliche Linie(n) darauf	+2		
Pluspunkte:			

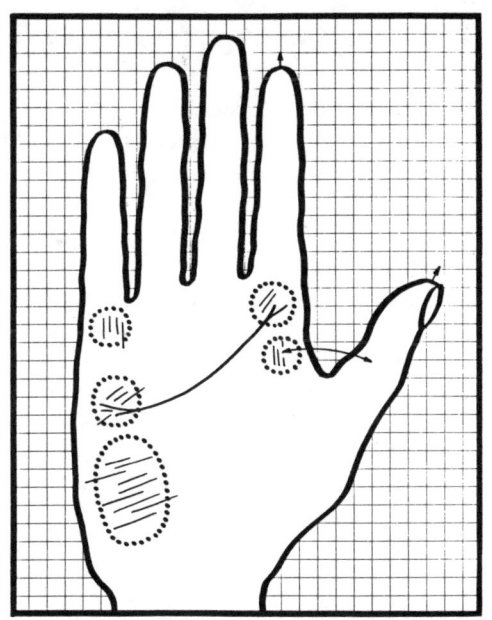

*Dominanzstreben
plus*

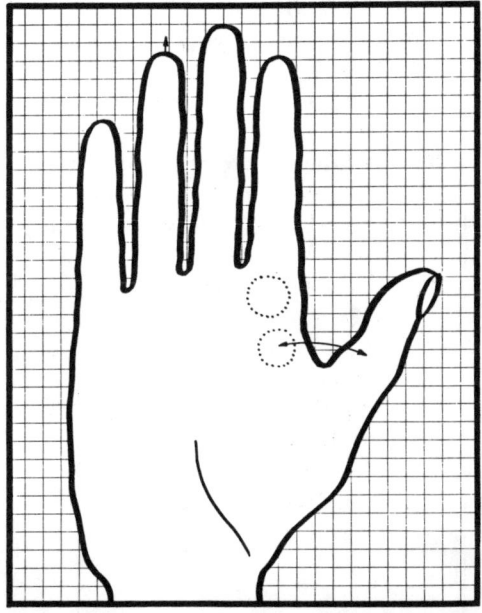

*Dominanzstreben
minus*

Punkte	Linke Hand	Rechte Hand
16 Linien und Berge in der Linken stärker ausgeprägt als in der Rechten −2		
17 Schlanke bewegliche Hand und ovale oder spitze Handform −1		
18 Wenige oder sehr dünne und blasse Linien in der Hand −2		
19 Winkel zwischen Daumen und Hand klein (unter 65°) −3		
20 Daumen sehr klein oder dünn −1		
21 Ringfinger länger als der Zeigefinger −2		
22 Lebens- und Kopflinie laufen am Anfang zusammen −1		
23 Kopflinie sehr dünn und blaß −1		
24 Kopflinie kettenartig oder sehr stark gewunden −1		
25 Herzlinie kurz oder sehr dünn und blaß −1		
26 Herzlinie entfernt sich von der Kopflinie −1		
27 Schicksalslinie fehlt oder sehr kurz oder läuft am Anfang mit der Lebenslinie zusammen −2		
28 Schicksalslinie häufig durchschnitten oder unterbrochen −1		
29 Kleiner Daumenberg fehlt oder sehr schwach ausgeprägt −3		
30 Zeigefingerberg fehlt oder sehr schwach ausgeprägt −3		
Minuspunkte:		

Auswertungstabelle
Dominanzstreben

	Linke Hand	Rechte Hand
Pluspunkte:		
Minuspunkte:		
Testergebnis:		

Das bedeuten die Punkte:

+9 und mehr Punkte

Dominanzstreben sehr stark. Sein Wille zur Macht kennt keine Grenzen. Beansprucht uneingeschränkte Führerrolle. Der Wunsch, etwas Besonderes zu sein, ist extrem ausgeprägt. Ist hart und unerbittlich. +12 und mehr Punkte: Hemmungsloser Eroberungsdrang und sehr starkes Geltungsbedürfnis. Häufig sehr anmaßend und autoritär.

+3 bis +8 Punkte

Dominanzstreben stark. Sein Eroberungsdrang treibt ihn zu immer neuen Taten. Will herrschen und führen. Der Partner muß bereit sein, sich unterzuordnen und seine Autorität anerkennen. Dafür findet er bei ihm Sicherheit und Geborgenheit.

−2 bis +2 Punkte

Dominanzstreben durchschnittlich. Strebt nach Gleichberechtigung. Hängt nicht an Rollenklischees. Ist innerlich selbstbewußt und sicher genug, um sich nicht ständig beweisen zu müssen. Ein sehr fairer Partner.

−3 bis −8 Punkte

Dominanzstreben schwach. Läßt sich leicht einschüchtern und ordnet sich ohne Widerspruch bereitwillig unter. Scheut sich, Verantwortung zu übernehmen, und orientiert sich gern an Vorbildern. Ein liebenswerter unkomplizierter Partner.

−9 und mehr Punkte

Dominanzstreben sehr schwach. Ist sehr gutmütig und nicht fähig, sich durchzusetzen. Fühlt sich unterlegen und zweifelt an sich. Übertrieben autoritätsgläubig, unterwirft er sich gern den anderen. −12 und mehr Punkte: Gefahr, ausgenutzt zu werden. Völlig unselbständig. Launisch und labil. Märtyrer.

Kontakt- und Anpassungsfähigkeit

	Punkte	Linke Hand	Rechte Hand
1 Ovale Handform mit beweglichen und geschmeidigen Fingern	+2		
2 Daumen tief angesetzt und sehr beweglich	+1		
3 Ringfinger länger als der Zeigefinger oder besonders betont	+1		
4 Kleiner Finger sehr lang oder besonders betont	+3		
5 Lebenslinie klar und deutlich ohne Brüche und Unterbrechungen	+2		
6 Abstand zwischen Lebens- und Kopflinie am Anfang sehr eng	+1		
7 Kopflinie läuft in den unteren Außenhandberg oder ist leicht wellig oder am Ende gegabelt	+2		
8 Abstand zwischen Kopf- und Herzlinie sehr weit	+1		
9 Herzlinie klar und deutlich oder doppelt oder gegabelt	+3		
10 Herzlinie kettenförmig oder häufig durchschnitten	+1		
11 Herzlinie läuft zwischen dem Zeige- und Mittelfinger oder zum Handrand	+1		
12 Schicksalslinie läuft am Anfang mit der Lebenslinie zusammen oder doppelt	+1		
13 Emotionslinie(n) zwischen kleinem Finger und Herzlinie klar und deutlich nach unten gebogen	+2		
14 Erfolgs- oder Glückslinie gegabelt oder verzweigt	+1		
15 Mittelfingerberg fehlt oder Ringfingerberg mit klaren deutlichen Linien	+3		
Pluspunkte:			

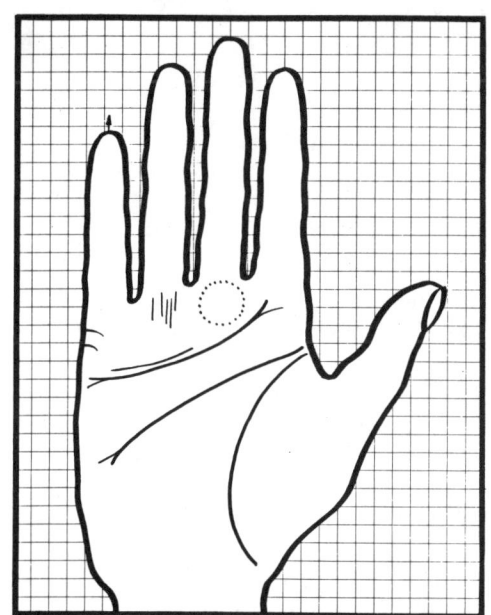

*Kontakt-,
Anpassungs-
fähigkeit plus*

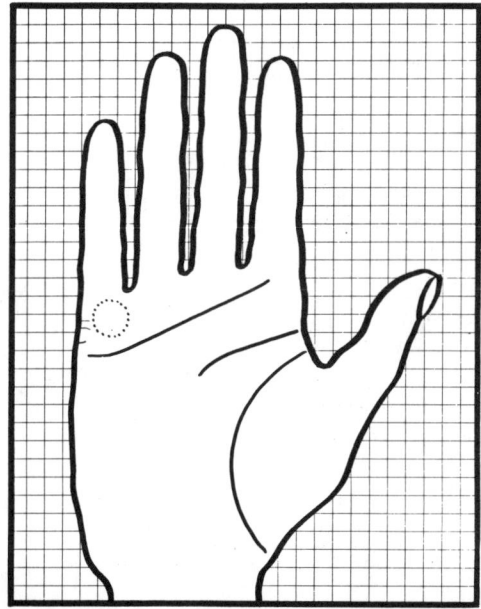

*Kontakt-,
Anpassungs-
fähigkeit minus*

	Punkte	Linke Hand	Rechte Hand
16 Spitze Handform mit sehr schlanken, feingliedrigen Fingern	−1		
17 Finger oder eng anliegender Daumen sehr unbeweglich und steif	−2		
18 Zwischenraum zwischen Mittel- und Ringfinger groß	−1		
19 Ringfinger sehr klein oder dünn	−1		
20 Lebens- und Kopflinie laufen am Anfang lange zusammen (1,5 cm u.m.)	−1		
21 Abstand zwischen Lebens- und Kopflinie sehr weit	−2		
22 Kopflinie läuft bis zur Schicksalslinie oder zum Handgelenk	−2		
23 Kopflinie verdreht oder gewunden	−1		
24 Kopf- und Herzlinie laufen zusammen oder berühren sich an irgendeiner Stelle	−3		
25 Herzlinie läuft fast gerade auf den Zeigefingerberg	−3		
26 Emotionslinie(n) zwischen kleinem Finger und Herzlinie dünn und blaß oder fehlen	−3		
27 Zeigefingerberg stark ausgeprägt und verworrene Linien darauf	−1		
28 Mittelfingerberg stark ausgeprägt und verworrene Linien darauf	−1		
29 Ringfingerberg mit unklaren verworrenen Linien	−1		
30 Kleiner Fingerberg schwach ausgeprägt oder fehlt	−2		
Minuspunkte:			

Auswertungstabelle Kontakt- und Anpassungsfähigkeit

	Linke Hand	Rechte Hand
Pluspunkte:		
Minuspunkte:		
Testergebnis:		

Das bedeuten die Punkte:

+9 und mehr Punkte

Kontakt- und Anpassungsfähigkeit sehr stark. In seiner Beziehung zu seinen Mitmenschen sehr herzlich und unkompliziert. Sehr starkes Bedürfnis nach Geselligkeit. +12 und mehr Punkte: Übertrieben anpassungswillig. Gefahr, aufdringlich und ohne Distanzgefühl zu sein.

+3 bis +8 Punkte

Kontakt- und Anpassungsfähigkeit stark. Zuvorkommendes und verbindliches Verhalten. Hat einen sehr natürlichen Charme und ist nie lange allein. Ist fähig, sich im Interesse der Partnerschaft auch einmal unterzuordnen.

−2 bis +2 Punkte

Kontakt- und Anpassungsfähigkeit durchschnittlich. Versucht sich geschickt, aber unaufdringlich anzupassen. Die Beziehung zur Umwelt ist natürlich und ausgewogen. Sehr diplomatisch.

−3 bis −8 Punkte

Kontakt- und Anpassungsfähigkeit schwach. Kann sich nicht anpassen, weil er sich nicht auf andere Menschen einstellen kann. Möchte sich niemandem verpflichtet fühlen. Ist zu sehr mit sich selbst beschäftigt und isoliert sich.

−9 und mehr Punkte

Kontakt- und Anpassungsfähigkeit sehr schwach. Neigt zur Verschlossenheit, kann sich einfach nicht einordnen. Verzichtet bewußt auf mitmenschlichen Kontakt, aus Angst, sich selbst preiszugeben. −12 und mehr Punkte: Gefahr, sich vollkommen zu isolieren. Sehr kontaktgestört.

Gefühlsstärke

Punkte	Linke Hand	Rechte Hand
1 Dritte Handzone beziehungsweise Fingerglieder betont oder am längsten +2		
2 Daumen dick oder durch viele Linien auf ihm besonders betont +1		
3 Tiefe und klare Linien in der Hand oder Handmitte von vielen kleinen Linien durchzogen +2		
4 Handfläche hügelig oder zerfurcht +2		
5 Lebenslinie sehr tief und breit +1		
6 Kopflinie stark gebogen +1		
7 Herzlinie tief und kräftig +3		
8 Herzlinie sanft geschwungen ohne Brüche oder doppelt +1		
9 Herzlinie entfernt sich von der Kopflinie +1		
10 Herzlinie liegt sehr hoch, nahe den Fingerwurzeln +1		
11 Herzlinie steigt zum Zeigefinger auf oder gabelt sich am Anfang oder Ende +1		
12 Mehrere tiefe, kräftige Emotionslinien oder nach unten gebogene Emotionslinie(n) zwischen kleinem Finger und Herzlinie +1		
13 Großer Daumenberg stark ausgeprägt +3		
14 Großer Daumenberg mit vielen senkrechten Linien +3		
15 Unterer Außenhandberg stark ausgeprägt oder durch viele Linien auf ihm besonders betont +2		
Pluspunkte:		

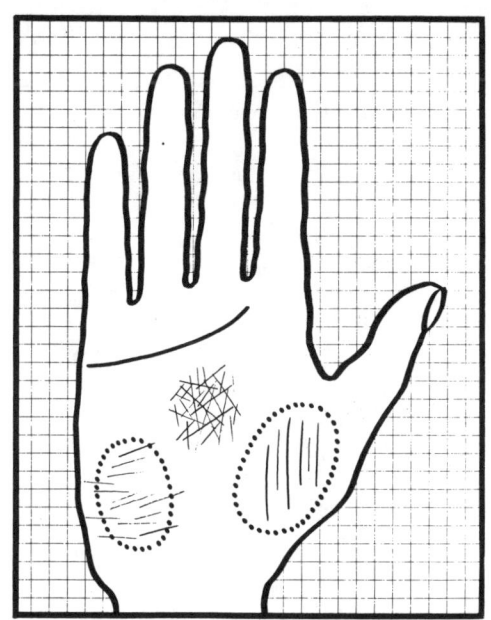

Gefühlsstärke plus

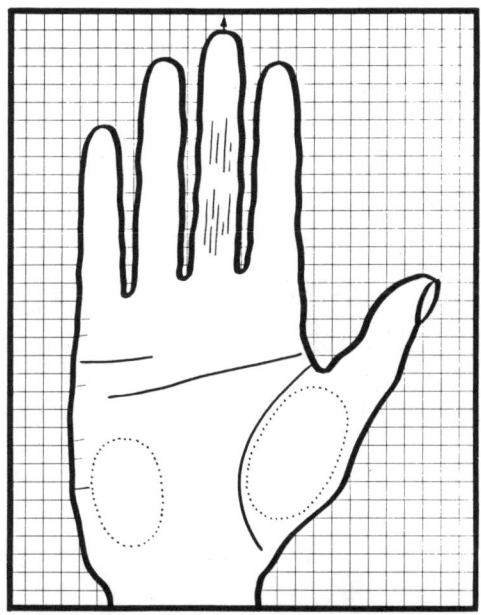

Gefühlsstärke minus

	Punkte	Linke Hand	Rechte Hand
16 Spitze Handform oder Finger länger als die Handfläche	−3		
17 Zeigefinger gleich lang oder länger als der Ringfinger	−1		
18 Mittelfinger lang oder durch tiefe deutliche Linie(n) betont	−2		
19 Wenige oder dünne Linien in der Handfläche	−1		
20 Lebenslinie läuft in flachem engem Bogen um den Daumenballen	−2		
21 Lebens- und Kopflinie laufen am Anfang zusammen	−1		
22 Kopflinie läuft gerade auf den oberen Außenhandberg	−2		
23 Kopf- und Herzlinie fallen zusammen oder Herzlinie sehr kurz oder fehlt	−3		
24 Herzlinie sehr gerade oder endet unter dem Mittelfinger	−1		
25 Herzlinie liegt sehr tief, nahe der Kopflinie	−1		
26 Herzlinie beginnt nahe am kleinen Finger	−1		
27 Schicksalslinie läuft sehr gerade bis zum Mittelfinger	−1		
28 Keine oder nur schwache Emotionslinien	−2		
29 Großer Daumenberg oder unterer Außenhandberg schwach ausgeprägt	−3		
30 Mittelfingerberg stark ausgeprägt oder klare deutliche Linie(n) auf ihm	−1		
Minuspunkte:			

Auswertungstabelle
Gefühlsstärke

	Linke Hand	Rechte Hand
Pluspunkte:		
Minuspunkte:		
Testergebnis:		

Das bedeuten die Punkte:

+9 und mehr Punkte

Gefühlsstärke sehr stark. Ist sehr temperamentvoll und ursprünglich. Lebt unter sehr starken Gefühlsspannungen und verhält sich deshalb häufig impulsiv und unberechenbar. +12 und mehr Punkte: Sehr wechselhafte Stimmung. Gefahr, häufig unüberlegt zu handeln. Neigt zur Maßlosigkeit.

+3 bis +8 Punkte

Gefühlsstärke stark. Ist temperamentvoll und sehr warmherzig. Hat ein intensives Gefühlsleben und ist zu aufrichtiger Liebe fähig. Sehr lebhaft und empfindsam. Ist von Stimmungen abhängig.

−2 bis +2 Punkte

Gefühlsstärke durchschnittlich. Hat ein ausgeglichenes Gefühlsleben. Ist zwar nicht zu ganz großen romantischen Gefühlen fähig, aber doch aufrichtig und unkompliziert in der Art zu lieben.

−3 bis −8 Punkte

Gefühlsstärke schwach. Die Partnerbeziehung ist ruhig, sachlich und eher unverbindlich. Lehnt es ab, sich gefühlsmäßig zu binden. Hat ein gehemmtes Gefühlsleben.

−9 und mehr Punkte

Gefühlsstärke sehr schwach. Ein reiner Kopfmensch. Hat starke Angst, sich gefühlsmäßig zu binden. Hat ein sehr gehemmtes Gefühlsleben. −12 und mehr Punkte: Ist häufig sehr hart und herzlos. Berechnend bis skrupellos.

Sinnlichkeit

	Punkte	Linke Hand	Rechte Hand
1 Handfläche betont und länger als die Finger	+1		
2 Handfläche sehr hügelig oder zerfurcht	+2		
3 Erste Handzone beziehungsweise Fingerglieder betont oder länger	+1		
4 Ringfinger länger als Zeigefinger oder tiefe deutliche Linie(n) auf ihm	+1		
5 Lebenslinie läuft geschwungen im weiten Bogen bis an den unteren Außenhandberg	+2		
6 Kopflinie endet vor der Schicksalslinie	+1		
7 Herzlinie breit und ausgewaschen oder stark verästelt	+3		
8 Herzlinie ist häufig gebrochen und unterbrochen oder wird von vielen Linien durchschnitten	+1		
9 Herz- oder Schicksalslinie laufen an oder in den Mittelfinger	+1		
10 Kurze kräftige Emotionslinien	+1		
11 Liebeslinie stark ausgeprägt	+1		
12 Großer Daumenberg sehr stark ausgeprägt	+3		
13 Großer Daumenberg mit vielen waage- und senkrechten Linien	+2		
14 Waagerechte Linien auf dem großen Daumenberg tief und deutlich	+3		
15 Mehrere senkrechte Linien auf dem kleinen Fingerberg	+1		
Pluspunkte:			

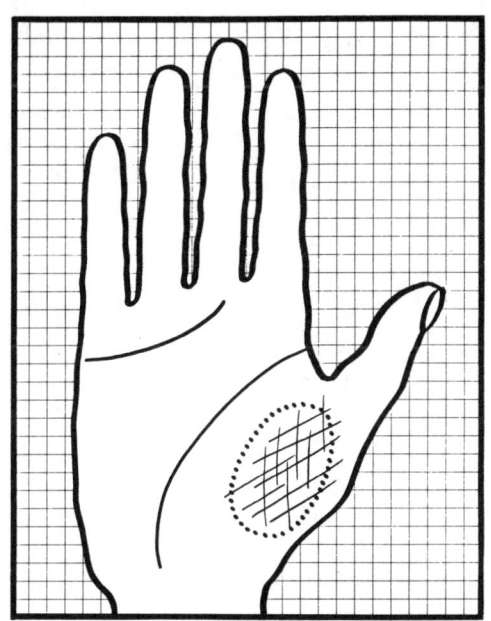

Sinnlichkeit plus

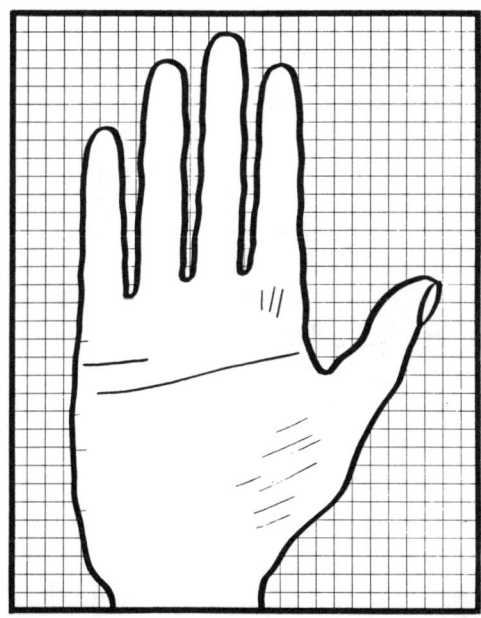

Sinnlichkeit minus

	Punkte	Linke Hand	Rechte Hand
16 Finger gleich lang oder länger als die Handfläche	−1		
17 Handfläche sehr glatt und mit dünnen deutlichen Linien	−2		
18 Zweite Handzone beziehungsweise Fingerglieder betont oder länger	−2		
19 Lebenslinie beginnt sehr nahe am Daumen	−1		
20 Kopflinie gerade zum oberen Außenhandberg	−1		
21 Kopf- und Herzlinie laufen zusammen oder parallel	−3		
22 Kopf- und Herzlinie durch Abzweigung(en) miteinander verbunden oder berühren sich an irgendeiner Stelle	−1		
23 Herzlinie fehlt oder sehr kurz	−3		
24 Herzlinie läuft relativ gerade zum Zeigefinger	−1		
25 Schicksalslinie läuft sehr gerade zum Mittelfinger	−1		
26 Emotionslinien fehlen oder nur schwach ausgeprägt	−2		
27 Großer Daumenberg schwach ausgeprägt	−1		
28 Großer Daumenberg mit wenigen waage- und senkrechten Linien	−1		
29 Waagerechte Linien auf dem großen Daumenberg dünn und schwach	−3		
30 Deutliche Linie(n) auf dem Zeigefingerberg	−2		
Minuspunkte:			

Auswertungstabelle
Sinnlichkeit

	Linke Hand	Rechte Hand
Pluspunkte:		
Minuspunkte:		
Testergebnis:		

Das bedeuten die Punkte:

+9 und mehr Punkte

Sinnlichkeit sehr stark. Ist in der Liebe sehr sinnlich und ursprünglich. Seine sexuelle Phantasie ist ungehemmt und sehr spontan. Will
das Leben genießen. Neigt zu Ausschweifungen. +12 und mehr
Punkte: Hemmungslose und triebhafte Sinnlichkeit, die sich nur
schwer zügeln läßt.

+3 bis +8 Punkte

Sinnlichkeit stark. Reagiert in der Liebe sinnlich und leidenschaft-
lich. Hat ein starkes Bedürfnis nach erotischer Abwechslung und
liebt das Ungewöhnliche. Sexualität spielt für ihn eine wichtige
Rolle.

−2 bis +2 Punkte

Sinnlichkeit durchschnittlich. Die durchaus vorhandene Sinnlichkeit wird vom Verstand kontrolliert. Ausgeglichene unkompli-
zierte Einstellung zur Sexualität. Ein feinsinniger und sensibler
Partner.

−3 bis −8 Punkte

Sinnlichkeit schwach. Reagiert in der Liebe immer sehr beherrscht
und kontrolliert. Sinnlichen Reizen gegenüber weitgehend unemp-
findlich, ist er in der Sexualität eher kühl und distanziert. Hat
sexuelle Hemmungen.

−9 und mehr Punkte

Sinnlichkeit sehr schwach. Neigt sehr stark zur Askese und unter-
drückt seine sexuellen Regungen. Hat sehr starke sexuelle Hemmungen. −12 und mehr Punkte: Gestörtes Sexualleben. Starke
Angst vor körperlicher Liebe.

Zärtlichkeit

	Punkte	Linke Hand	Rechte Hand
1 Daumen geschmeidig und biegsam	+1		
2 Ringfinger länger als der Zeigefinger oder deutlich mehr Linien auf ihm	+2		
3 Viele zarte Linien in der Hand	+3		
4 Lebenslinie zart und dünn	+1		
5 Kopflinie verästelt	+2		
6 Kopflinie läuft nach unten in den unteren Außenhandberg	+1		
7 Herzlinie zart mit Verästlungen oder sanft geschwungen ohne Brüche oder Unterbrechungen	+3		
8 Herzlinie gabelt sich am Anfang oder Ende	+1		
9 Herzlinie beginnt schon auf der Handkante	+2		
10 Herzlinie läuft zwischen Zeige- und Ringfinger, oder sie entfernt sich von der Kopflinie	+1		
11 Herzlinie beginnt sehr weit oben, nahe des kleinen Fingers	+1		
12 Schicksalslinie beginnt im unteren Außenhandberg	+1		
13 Viele zarte Emotionslinien, vor allem zwischen Herz- und Kopflinie	+3		
14 Großer Daumenballen flach	+1		
15 Viele senkrechte Linien auf dem großen Daumenberg	+2		
Pluspunkte:			

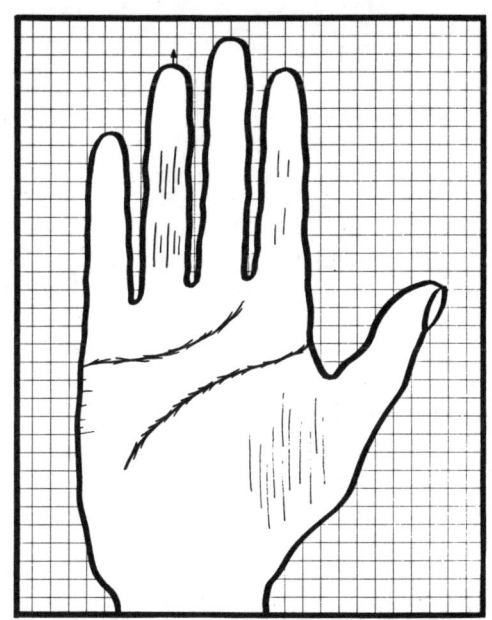

Zärtlichkeit plus

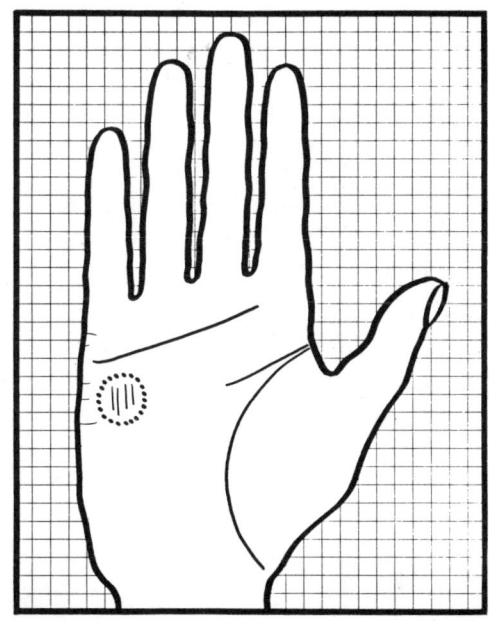

Zärtlichkeit minus

103

	Punkte	Linke Hand	Rechte Hand
16 Daumen steif und unbeweglich oder breite keulenartige Daumenkuppe	−3		
17 Lebenslinie flach und eng um den Daumenballen herum	−1		
18 Lebenslinie breit und ausgewaschen oder am Anfang oder Ende nicht verästelt oder gegabelt	−1		
19 Abstand zwischen Lebens- und Kopflinie gering	−2		
20 Kopflinie sehr gerade	−2		
21 Kopflinie läuft nur bis in die Mitte der Hand oder am Ende leicht nach oben	−1		
22 Kopf- und Herzlinie fallen zusammen	−1		
23 Herzlinie kurz oder blaß und undeutlich	−1		
24 Herzlinie gerade	−3		
25 Herzlinie kettenartig	−2		
26 Schicksalslinie läuft gerade ungebrochen oder mit Brüchen bis zum Mittelfinger	−1		
27 Emotionslinien zwischen kleinem Finger und Kopflinie fehlen oder nur sehr dünn und schwach	−3		
28 Undeutliche oder verworrene Linien auf dem großen Daumenberg	−1		
29 Oberer Außenhandberg sehr ausgeprägt oder durch tiefe deutliche Linie(n) besonders betont	−2		
30 Unterer Außenhandberg fehlt oder sehr schwach ausgeprägt	−1		
Minuspunkte:			

Auswertungstabelle
Zärtlichkeit

	Linke Hand	Rechte Hand
Pluspunkte:		
Minuspunkte:		
Testergebnis:		

Das bedeuten die Punkte:

+9 und mehr Punkte

Zärtlichkeit sehr stark. Kann sich hervorragend in den Partner einfühlen und hat immer Verständnis für ihn. Nimmt sehr stark am Leben des anderen teil. Ist sehr sensibel. +12 und mehr Punkte: Hingabebereitschaft so groß, daß der Partner sich manchmal vor lauter Liebe erdrückt fühlt.

+3 bis +8 Punkte

Zärtlichkeit stark. Kann sich sehr gut in die Gedanken und Gefühle des Partners einfühlen. Erfaßt eine Situation oft intuitiv. Ist sensibel und in seiner Zuneigung unerschöpflich.

−2 bis +2 Punkte

Zärtlichkeit durchschnittlich. Hat ein normal ausgeprägtes Einfühlungsvermögen. Sehnt sich nach Verständnis und Liebe. Ist nur in einer echten Partnerschaft zur zärtlichen Hingabe bereit.

−3 bis −8 Punkte

Zärtlichkeit schwach. Kann sich nur schwer in die Gedanken und Gefühle des Partners einfühlen. Hat innerlich Angst vor zu viel Zweisamkeit und zärtlicher Hingabe.

−9 und mehr Punkte

Zärtlichkeit sehr schwach. Ist nicht fähig, sich in den Partner einzufühlen. Sollte sich mehr und liebevoller um ihn kümmern. Kann nicht zärtlich sein und sich hingeben. −12 und mehr Punkte: Herzlos und rauh. Sensibilität und Einfühlungsvermögen fehlen.

Treue

	Punkte	Linke Hand	Rechte Hand
1 Linien und Berge in beiden Händen nahezu gleich	+1		
2 Mittelfinger lang oder besonders betont	+3		
3 Lebenslinie läuft in weitem Bogen zur Handmitte	+1		
4 Lebenslinie beginnt nahe des Zeigefingers	+2		
5 Abzweigung(en) von der Kopflinie laufen zur klaren und deutlichen Herzlinie	+2		
6 Kopf- und Herzlinie laufen gerade über die ganze Hand	+1		
7 Mehr aufsteigende als absteigende Linien von der Herzlinie	+1		
8 Herzlinie läuft zum Mittelfinger	+1		
9 Herzlinie klar und deutlich ohne größere Brüche und Unterbrechungen	+3		
10 Schicksalslinie läuft gerade zum Mittel- oder Ringfinger	+1		
11 Emotionslinie(n) zwischen kleinem Finger und Herzlinie klar und deutlich und nach unten gebogen	+2		
12 Kleiner Daumenberg fehlt oder sehr flach	+2		
13 Mittelfingerberg ausgeprägt und klare deutliche Linie(n) darauf	+1		
14 Klare deutliche Linie(n) auf dem Ringfingerberg	+3		
15 Oberer Außenhandberg ausgeprägt und klare deutliche Linie(n) darauf	+1		
Pluspunkte:			

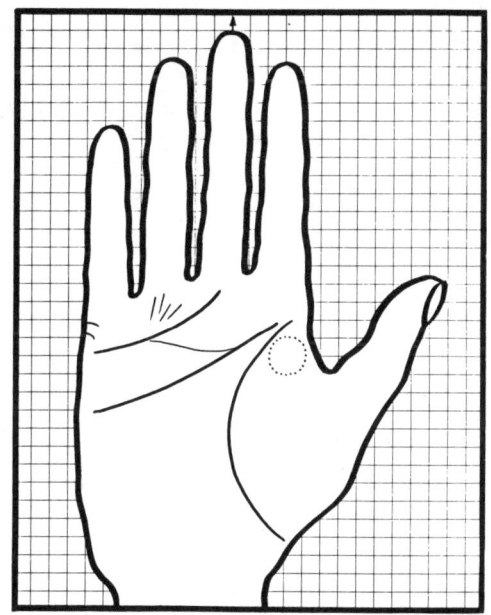

Treue plus

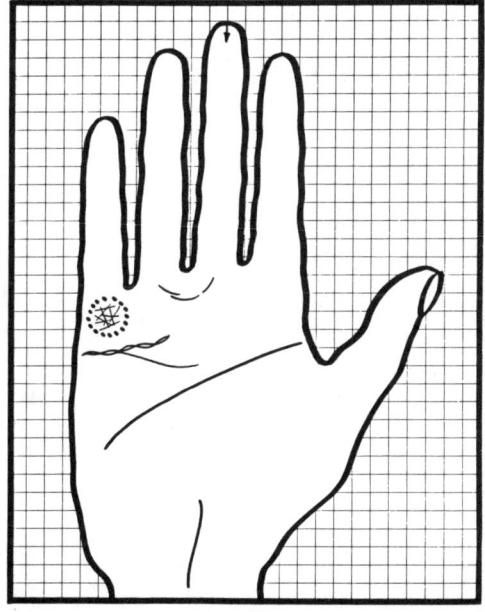

Treue minus

107

	Punkte	Linke Hand	Rechte Hand
16 Dritte Handzone beziehungsweise Fingerglieder besonders betont oder am längsten	−1		
17 Mittelfinger sehr kurz oder dünn	−3		
18 Lebenslinie läuft auf den unteren Außenhandberg	−1		
19 Lebenslinie wellig oder unterbrochen oder sehr undeutlich	−1		
20 Lebenslinie beginnt nahe des Daumens oder Abzweigung(en) laufen auf den großen Daumenberg	−1		
21 Kopflinie wellig	−1		
22 Kopf- und Herzlinie fallen zusammen	−2		
23 Herzlinie kettenförmig oder verästelt oder unterbrochen	−3		
24 Abzweigung(en) von der Herzlinie laufen zur Kopflinie	−2		
25 Herzlinie fehlt oder sehr kurz	−1		
26 Schicksalslinie fehlt oder sehr kurz	−2		
27 Emotionslinie(n) zwischen kleinem Finger und Herzlinie wellig oder durchschnitten oder sehr dünn und nach oben gebogen	−1		
28 Liebeslinie doppelt oder kettenförmig oder unterbrochen	−2		
29 Kleiner Daumenberg sehr stark ausgeprägt	−1		
30 Kleiner Fingerberg ausgeprägt und verworrene Linien darauf	−3		
Minuspunkte:			

Auswertungstabelle
Treue

	Linke Hand	Rechte Hand
Pluspunkte:		
Minuspunkte:		
Testergebnis:		

Das bedeuten die Punkte:

+9 und mehr Punkte

Treue sehr stark. Läßt sich durch nichts ablenken und widersteht den raffiniertesten Verführungskünsten. Der Partner kann sich auf ihn vollkommen verlassen. Für ihn ist die absolute Treue höchstes Gebot der Partnerschaft. +12 und mehr Punkte: Gefahr, sich aufzuopfern und ständig die eigenen Bedürfnisse zu verleugnen.

+3 bis +8 Punkte

Treue stark. Ist nicht verführbar. Sehr standhaft wie ein Fels in der Brandung, widersteht er allen Versuchungen. Erwartet aber auch vom Partner uneingeschränkte Treue.

−2 bis +2 Punkte

Treue durchschnittlich. Flirtet zwar gerne, kennt aber seine Grenzen. Ist nicht so leicht zu verführen. Dennoch kann es, vor allem bei Problemen in der Partnerschaft, zum Treuebruch kommen. Für ihn gilt das Treuegebot nur bei Gegenseitigkeit.

−3 bis −8 Punkte

Treue schwach. Läßt sich leicht verführen. Sucht das Abenteuer. Schätzt Abwechslung höher ein als Zuverlässigkeit. Legt viel Wert auf persönliche Freiheit und läßt sich nicht an die Kette legen.

−9 und mehr Punkte

Treue sehr schwach. Spielt gerne mit dem Feuer und ist sehr leicht verführbar. Will etwas erleben und absolut frei sein. Läßt auch dem Partner alle Freiheit. −12 und mehr Punkte: Verfechter absoluter sexueller Freiheiten. Ist sehr erlebnishungrig und flatterhaft. Läßt keine Gelegenheit aus.

Eifersucht

	Punkte	Linke Hand	Rechte Hand
1 Handform spitz, lang und schlank	+1		
2 Erste Handzone beziehungsweise Fingerglieder betont oder am längsten	+1		
3 Kurzer Daumen oder zweites Daumenglied sehr kurz	+2		
4 Zwischenraum zwischen den Fingern eng oder enganliegender Daumen	+3		
5 Kleiner Finger sehr kurz	+1		
6 Lebenslinie läuft im engen Bogen um den Daumenballen	+3		
7 Kopflinie kurz und stark gebogen	+1		
8 Abstand zwischen Kopf- und Herzlinie klein, oder Herzlinie liegt sehr hoch, nahe den Fingerwurzeln	+3		
9 Herzlinie läuft auf den Mittelfingerberg	+1		
10 Herzlinie gerade, ohne zu den Fingern aufzusteigen	+2		
11 Herzlinie sehr kurz und intensiv	+1		
12 Herzlinie zart und dünn mit kleinen Verästlungen	+1		
13 Herzlinie senkt sich zum Ende nach unten	+2		
14 Sehr lange Emotionslinien zwischen kleinem Finger und Herzlinie	+1		
15 Liebeslinie durch Linie(n) unterbrochen oder zerschnitten	+2		
Pluspunkte:			

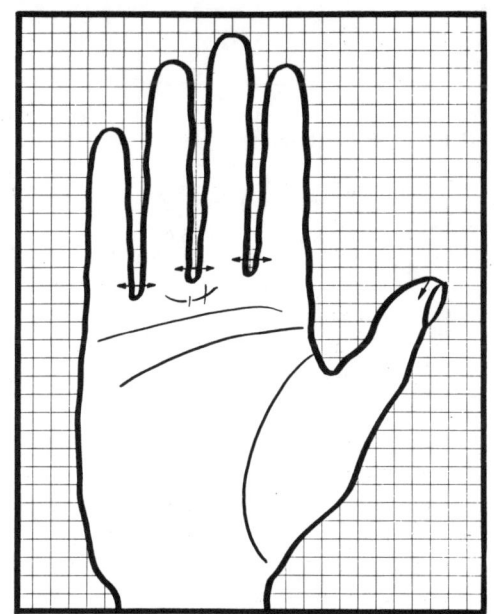

Eifersucht plus

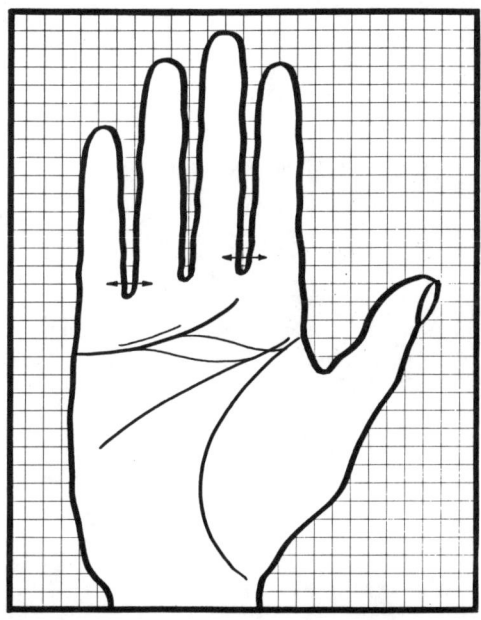

Eifersucht minus

	Punkte	Linke Hand	Rechte Hand
16 Hand sehr weich und beweglich	−2		
17 Handfläche breit und länger als die Finger	−1		
18 Zwischenraum zwischen Zeige- und Mittelfinger oder Ringfinger und kleinem Finger weit	−3		
19 Daumen sehr geschmeidig und beweglich	−1		
20 Daumen sehr tief angesetzt und Abstand zum Zeigefinger weit	−1		
21 Mittelfinger lang, aber ohne verworrene Linien	−1		
22 Kleiner Finger lang, aber ohne verworrene Linien	−1		
23 Lebenslinie läuft im weiten Bogen um den Daumenballen	−3		
24 Abstand zwischen Kopf- und Herzlinie groß	−2		
25 Herzlinie steigt zwischen Zeige- und Mittelfinger auf	−1		
26 Herzlinie klar und gut ausgeprägt oder doppelt	−2		
27 Herzlinie durch Abzweigung(en) mit der Kopf- oder Lebenslinie verbunden	−2		
28 Herzlinie beginnt schon auf der Handkante	−3		
29 Zwei oder mehrere Erfolgslinien	−1		
30 Oberer Außenhandberg ausgeprägt, aber ohne verworrene Linien darauf	−1		
Minuspunkte:			

Auswertungstabelle
Eifersucht

	Linke Hand	Rechte Hand
Pluspunkte:		
Minuspunkte:		
Testergebnis:		

Das bedeuten die Punkte:

+9 und mehr Punkte

Eifersucht sehr stark. Ist sehr intolerant und extrem mißtrauisch. Es gelingt ihm nicht, seine Eifersucht zu kontrollieren. Steigert sich häufig regelrecht hinein und vermutet dann immer das Schlimmste. Ist bei geringsten Anlässen eifersüchtig. +12 und mehr Punkte: Krankhafte Eifersucht. Engt den Partner vollkommen ein und läßt ihm keine Freiheit.

+3 bis +8 Punkte

Eifersucht stark. Ist intolerant und ausgesprochen kleinlich. Hat häufig mit Eifersuchtsgefühlen zu kämpfen und leidet sehr darunter. Engt den Partner stark ein und läßt ihm kaum persönliche Freiheit.

−2 bis +2 Punkte

Eifersucht durchschnittlich. Im großen und ganzen tolerant und aufgeschlossen, solange man ihm keinen Anlaß bietet. Hat aber auch die gelegentlich aufkommenden Eifersuchtsgefühle immer unter Kontrolle, so daß sie nie zu einem echten Problem werden.

−3 bis −8 Punkte

Eifersucht schwach. Ist großzügig und aufgeschlossen, ohne Einschränkung. Vertraut dem Partner vollkommen und ist bereit, gelegentliche Abenteuer zu übersehen.

−9 und mehr Punkte

Eifersucht sehr schwach. Ist sehr großzügig und allem gegenüber aufgeschlossen. Läßt dem Partner vollkommene Freiheit. −12 und mehr Punkte: Gefahr der Selbstaufgabe und ausgenutzt zu werden. Übertriebene Großzügigkeit wird vom Partner häufig falsch verstanden.

Die Gesundheit in der Hand

Seelische Stabilität

	Punkte	Linke Hand	Rechte Hand
1 Linien und Berge in beiden Händen nahezu gleich oder klare deutliche Linien in der Handfläche	+3		
2 Insgesamt mehr aufsteigende als absteigende Linien von den Hauptlinien	+3		
3 Lebenslinie lang und kräftig oder breit	+2		
4 Lebens- oder Kopf- oder Herz- oder Erfolgslinie doppelt oder gegabelt	+3		
5 Lebens- oder Kopf- oder Herz- oder Schicksalslinie ohne größere Brüche oder Unterbrechungen	+2		
6 Kopflinie lang und klar oder kräftig	+2		
7 Kopflinie läuft genau in der Mitte der Hand leicht schräg nach unten	+1		
8 Großer Abstand zwischen Kopf- und Herzlinie (1,5 cm u.m.)	+1		
9 Schicksalslinie sehr kurz oder fehlt	+2		
10 Erfolgslinie vorhanden	+1		
11 Emotionslinien tief oder deutliche Linien auf dem unteren Außenhandberg	+1		
12 Glückslinie sehr kurz oder fehlt	+1		
13 Handgelenklinie(n) leicht geschwungen und kräftig oder kettenförmig	+1		
14 Ringfingerberg ausgeprägt; klare Linie(n)	+1		
15 Oberer Außenhandberg ausgeprägt oder klare Linie(n) darauf	+1		
Pluspunkte:			

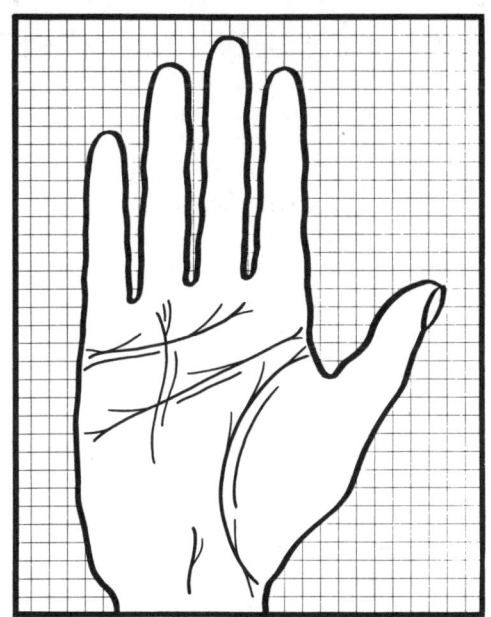

*Seelische
Stabilität plus*

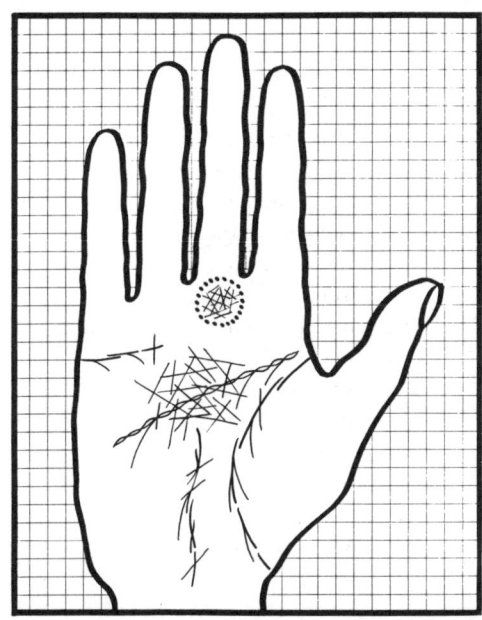

*Seelische
Stabilität minus*

115

	Punkte	Linke Hand	Rechte Hand
16 Handform spitz oder sehr lange feingliedrige Hand	−1		
17 Handfläche von vielen Linien kreuz und quer überzogen oder sehr zerfurcht oder viele unscharfe Linien in der Handmitte	−3		
18 Insgesamt mehr abfallende als aufsteigende Linien von den Hauptlinien	−3		
19 Haupt- oder Nebenlinien von kleinen Linien durchschnitten oder mit größeren Brüchen und Unterbrechungen	−3		
20 Lebenslinie zart und dünn	−1		
21 Kopflinie dünn und verästelt oder kettenförmig oder wellig	−2		
22 Kopf- und Herzlinie fallen zusammen	−1		
23 Herzlinie kurz, oder sie läuft gerade von Handkante zu Handkante	−2		
24 Schicksalslinie unklar verästelt und zerrissen	−2		
25 Schicksalslinie läuft in Windungen nach oben	−1		
26 Liebeslinie sehr wirr oder kettenförmig	−1		
27 Handgelenklinie zart und dünn	−1		
28 Mittelfingerberg ausgeprägt oder unklare verworrene Linien darauf	−2		
29 Oberer Außenhandberg flach oder unklare verworrene Linien darauf	−1		
30 Unterer Außenhandberg stark ausgeprägt und unklare verworrene Linien darauf	−1		
Minuspunkte:			

Auswertungstabelle
Seelische Stabilität

	Linke Hand	Rechte Hand
Pluspunkte:		
Minuspunkte:		
Testergebnis:		

Das bedeuten die Punkte:

+9 und mehr Punkte

Seelische Stabilität sehr stark. Ein Lebenskünstler, der mit sich selbst und seinem Leben vollkommen zufrieden ist und alle Schwierigkeiten spielend meistert. Bei +12 und mehr Punkten: Unerschütterliches Urvertrauen. Selbst bei extremen Belastungen reagiert er immer sehr natürlich und angepaßt.

+3 bis +8 Punkte

Seelische Stabilität stark. Lebensgrundstimmung sehr heiter, gelassen und zufrieden. Innerlich sehr ausgeglichen; läßt sich nicht durch Schwierigkeiten unterkriegen.

−2 bis +2 Punkte

Seelische Stabilität normal. Starkes Bedürfnis nach Harmonie und Ausgleich. Ist im großen und ganzen zufrieden und optimistisch. Nur bei starken Belastungen reagiert er nicht immer angepaßt.

−3 bis −8 Punkte

Seelisch labil und unausgeglichen. Leidet häufig unter seelischen Verstimmungen, Niedergeschlagenheit und Minderwertigkeitsgefühlen. Es fällt ihm sehr schwer, mit seinen Problemen fertig zu werden. Braucht Hilfe und Unterstützung.

−9 und mehr Punkte

Seelisch sehr labil und stark gehemmt. Leidet unter starken Minderwertigkeitsgefühlen und Depressionsneigungen. Innerlich zerrissen und zwiespältig, ist er unfähig, seine Probleme selbst zu lösen. Braucht dringend Hilfe. −12 und mehr Punkte: Seelisch extrem gefährdet. Total gestörtes Urvertrauen.

Körperliche Vitalität

	Punkte	Linke Hand	Rechte Hand
1 Erste Handzone beziehungsweise Fingerglieder betont oder am längsten	+1		
2 Handfläche sehr ausgeprägt und bergig	+1		
3 Hand oder Daumen kräftig und gut proportioniert	+1		
4 Lebens- oder Kopf- oder Herzlinie doppelt oder gegabelt	+2		
5 Lebenslinie klar, deutlich und lang oder kurz	+3		
6 Lebenslinie läuft bis ins Handgelenk oder weit um den Daumenballen herum	+2		
7 Abzweigung(en) von der Lebenslinie laufen zum Zeigefinger	+1		
8 Lebenslinie mit Schicksals- oder Herzlinie durch Abzweigungen verbunden	+1		
9 Herzlinie klar und deutlich	+3		
10 Schicksalslinie klar und deutlich	+2		
11 Schicksalslinie kommt aus dem Handgelenk oder dem Daumenballen	+1		
12 Erfolgs- oder Glückslinie fehlen	+1		
13 Handgelenklinie stark und kettenförmig	+1		
14 Handgelenklinie verläuft vollständig um das Handgelenk oder mehr als eine Handgelenklinie	+3		
15 Großer Daumenberg stark ausgeprägt oder klare tiefe Linien darauf	+2		
Pluspunkte:			

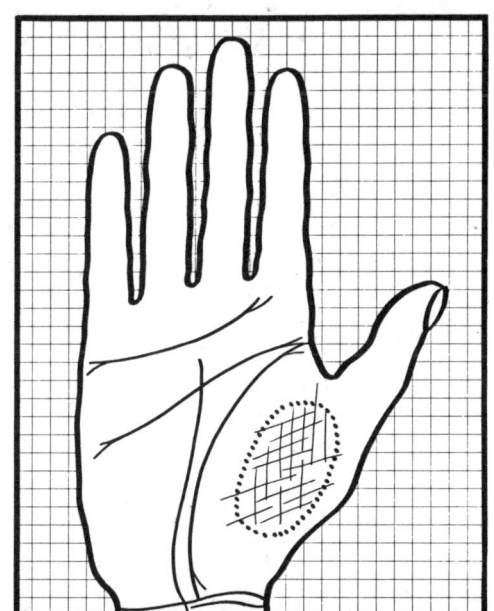

*Körperliche
Vitalität plus*

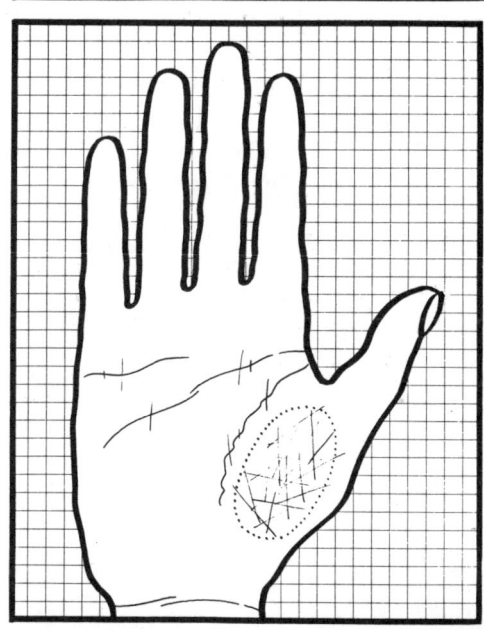

*Körperliche
Vitalität minus*

119

	Punkte	Linke Hand	Rechte Hand
16 Erste Handzone beziehungsweise Fingerglieder stark unterbetont oder sehr kurz	−1		
17 Handfläche blaß und farblos	−1		
18 Hand und Finger sehr ungleichmäßig und zerbrechlich	−1		
19 Haupt- und Nebenlinien von kleinen Linien durchschnitten oder mit größeren Brüchen und Unterbrechungen	−2		
20 Lebenslinie kurz, schwach und dünn	−3		
21 Lebenslinie lang, fein und krakelig	−3		
22 Lebens- oder Kopf- oder Herzlinie wellig oder stark geschwungen	−1		
23 Kopflinie sehr blaß und undeutlich	−1		
24 Kopf- und Herzlinie fallen zusammen	−1		
25 Herzlinie unklar und blaß oder breit und ausgewaschen	−3		
26 Herzlinie stark verästelt oder kettenförmig	−2		
27 Handgelenklinie dünn und schwach	−2		
28 Großer Daumenberg schwach oder unklare verworrene Linien darauf	−2		
29 Zeigefingerberg mit unklaren verworrenen Linien	−1		
30 Ringfingerberg mit unklaren verworrenen Linien	−1		
Minuspunkte:			

Auswertungstabelle
Körperliche Vitalität

	Linke Hand	Rechte Hand
Pluspunkte:		
Minuspunkte:		
Testergebnis:		

Das bedeuten die Punkte:

+9 und mehr Punkte

Körperliche Vitalität und Konstitution hervorragend. Sehr stark belastbar und widerstandsfähig auch bei extremsten Anforderungen. Sehr ausgeprägtes Körperbewußtsein. +12 und mehr Punkte: Ein Wunder an Energie und Vitalität.

+3 bis +8 Punkte

Körperliche Vitalität und Konstitution sehr gut. Wird auch mit größeren Belastungen spielend fertig. Ausgeprägtes Körperbewußtsein. Ist gesund und fit.

−2 bis +2 Punkte

Körperliche Vitalität und Konstitution durchschnittlich. Widerstandsfähig bei normaler Belastung, aber nicht zu Höchstleistungen fähig. Könnte noch mehr für seine Gesundheit und Fitneß tun.

−3 bis −8 Punkte

Körperliche Vitalität und Konstitution schwach. Ist sehr anfällig und nur wenig belastbar. Neigt zu körperlichen Beschwerden und kränkelt leicht. Muß etwas für seine Gesundheit und Fitneß tun.

−9 und mehr Punkte

Körperliche Vitalität und Konstitution sehr schwach und angegriffen. Ist überhaupt nicht belastbar, auch bei geringsten Anforderungen. Hat sehr häufig körperliche Beschwerden. Muß sich unbedingt abhärten und etwas für seine Gesundheit tun. −12 und mehr Punkte: Extrem anfällig und sehr gefährdet.

Erfolg und Glück in der Hand

Glück im Leben

Punkte	Linke Hand	Rechte Hand
1 Lebenslinie lang, deutlich oder doppelt +3		
2 Lebenslinie läuft über die Hand bis zum unteren Außenhandberg +1		
3 Aufsteigende Linien von der Lebenslinie, oder Lebenslinie gabelt oder verzweigt sich am Anfang oder Ende +2		
4 Lebens- und Kopflinie laufen nicht zusammen +1		
5 Abzweigung(en) von der Kopf- zur Lebenslinie +2		
6 Kopf- oder Schicksalslinie sehr klar und deutlich, oder Schicksalslinie läuft genau in der Mitte der Hand zum Mittelfinger +1		
7 Herzlinie gabelt oder verzweigt sich am Anfang oder Ende +1		
8 Herzlinie oder eine Abzweigung von ihr läuft zum Mittelfinger +1		
9 Schicksalslinie läuft am Anfang parallel zur Lebenslinie +1		
10 Schicksalslinie beginnt am Handgelenk oder besteht aus mehreren Linien +3		
11 Erfolgslinie gut ausgeprägt +2		
12 Glückslinie ausgeprägt, oder Erfolgslinie doppelt oder gefächert +3		
13 Oberer Außenhandberg ausgeprägt +1		
14 Zeigefingerberg ausgeprägt, klare Linie(n) +1		
15 Klare Linie(n) auf dem Mittelfinger- oder Ringfingerberg +2		
Pluspunkte:		

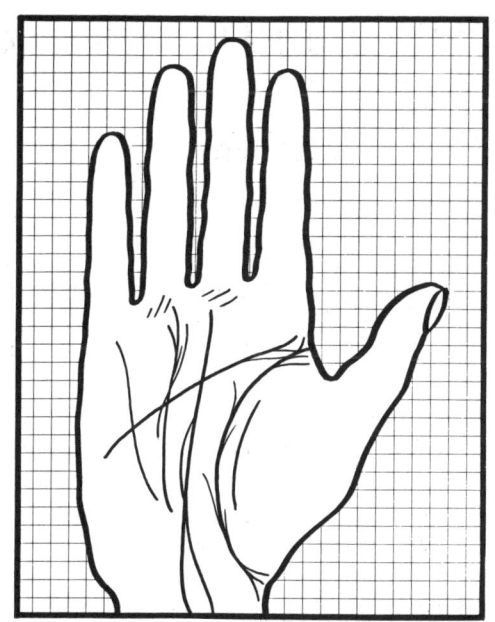

Glück im Leben
plus

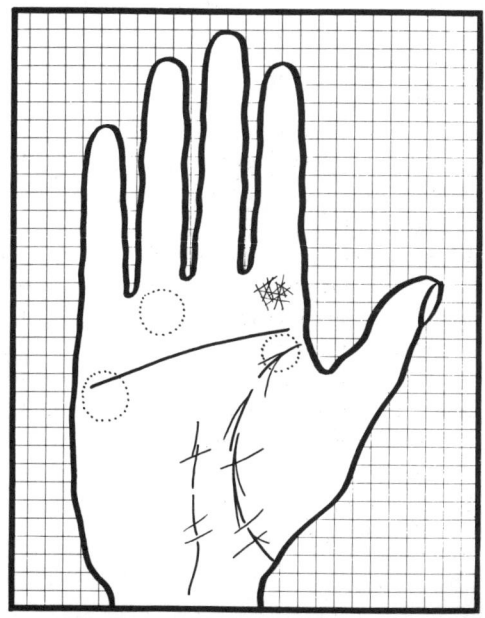

Glück im Leben
minus

123

	Punkte	Linke Hand	Rechte Hand
16 Handmitte von vielen Linien kreuz und quer durchzogen	−1		
17 Mittelfinger mit unklaren verworrenen Linien	−1		
18 Lebenslinie dünn und undeutlich oder unregelmäßig oder wellig	−1		
19 Lebenslinie durchschnitten oder mit Brüchen und Unterbrechungen	−3		
20 Abfallende Linien von der Lebenslinie	−3		
21 Lebenslinie verzweigt sich in die Handmitte	−1		
22 Kopflinie läuft nach unten durch den ganzen unteren Außenhandberg	−1		
23 Kopf- und Herzlinie fallen zusammen	−2		
24 Schicksalslinie fehlt oder sehr schwach und undeutlich ausgeprägt	−1		
25 Schicksalslinie beginnt erst in der Mitte der Hand	−1		
26 Schicksalslinie läuft am Anfang mit der Lebenslinie zusammen	−1		
27 Schicksalslinie durchschnitten oder mit Brüchen und Unterbrechungen	−3		
28 Liebeslinie breit und ausgewaschen	−1		
29 Kleiner Daumenberg oder oberer Außenhandberg schwach ausgeprägt und unklare verworrene Linien darauf	−2		
30 Zeigefingerberg mit unklaren verworrenen Linien oder Ringfingerberg schwach ausgeprägt	−2		
Minuspunkte:			

Auswertungstabelle
Glück im Leben

	Linke Hand	Rechte Hand
Pluspunkte:		
Minuspunkte:		
Testergebnis:		

Das bedeuten die Punkte:

+9 und mehr Punkte

Ein Sonntags- und Glückskind, dem alles gelingt. Ist im Leben sehr erfolgreich und glücklich. Erwirbt viel Ruhm und Ansehen. +12 und mehr Punkte: Ihm fällt einfach alles in den Schoß. Hat das Glück gepachtet.

+3 bis +8 Punkte

Ein Lebenskünstler und Optimist, der auf sein Glück vertraut. Ist im Leben erfolgreich und glücklich. Hat alle Voraussetzungen, berühmt zu werden. Läßt sich auch bei größeren Schwierigkeiten nicht unterkriegen.

−2 bis +2 Punkte

Glück und Unglück halten sich die Waage. Hat im großen und ganzen Erfolg, weil er sich nicht allein auf sein Glück verläßt, sondern etwas dafür tut. Mit ein bißchen mehr Optimismus könnte er noch erfolgreicher und glücklicher werden.

−3 bis −8 Punkte

Hat häufig Unglück und Mißerfolg im Leben. Macht sich das Leben schwerer, als es ist. Hat Angst vor der Zukunft und erhebliche Probleme, ein geregeltes Leben zu führen. Braucht Hilfe und Unterstützung.

−9 und mehr Punkte

Ein Pessimist, der sehr viele Schwierigkeiten im Leben hat. Stolpert häufig von einem Unglück ins andere. Ihm mißlingt einfach alles. Muß sich unbedingt ändern und braucht dringend Hilfe. −12 und mehr Punkte: Ein ausgesprochener Pechvogel, der nicht mit dem Leben fertig wird und immer wieder scheitert.

Erfolg im Beruf

	Punkte	Linke Hand	Rechte Hand
1 Kleiner Finger lang oder besonders betont	+1		
2 Lebenslinie doppelt oder gabelt oder verzweigt sich am Anfang oder Ende	+1		
3 Abzweigung(en) von der Lebenslinie zum Zeigefingerberg oder zur Kopflinie	+2		
4 Abstand zwischen Lebens- und Kopflinie sehr weit (1 cm u.m.)	+3		
5 Kopflinie läuft klar und relativ gerade oder aufsteigend durch die Hand	+1		
6 Kopflinie doppelt oder gabelt sich am Anfang oder Ende	+2		
7 Herzlinie oder eine Abzweigung von ihr läuft auf den Zeigefingerberg und gabelt sich dort	+2		
8 Schicksalslinie klar, deutlich und ungebrochen oder doppelt	+3		
9 Schicksalslinie beginnt an der Lebenslinie oder ist durch Abzweigung(en) mit ihr verbunden	+1		
10 Schicksals- oder Wohlstandslinie läuft auf den Zeigefingerberg	+1		
11 Erfolgs- oder Glückslinie doppelt oder am Ende gegabelt oder gefächert	+3		
12 Emotionslinie(n) zwischen Herz- und Kopflinie ausgeprägt und nach oben gebogen	+1		
13 Kleiner Daumenberg oder Ringfingerberg ausgeprägt und klare Linie(n) darauf	+1		
14 Zeigefingerberg ausgeprägt und klare Linie(n) darauf	+2		
15 Kleiner Fingerberg ausgeprägt oder klare Linie(n) darauf	+1		
Pluspunkte:			

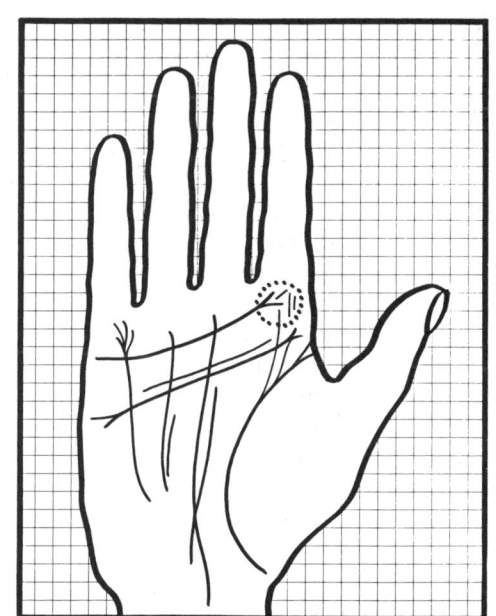

Erfolg im Beruf
plus

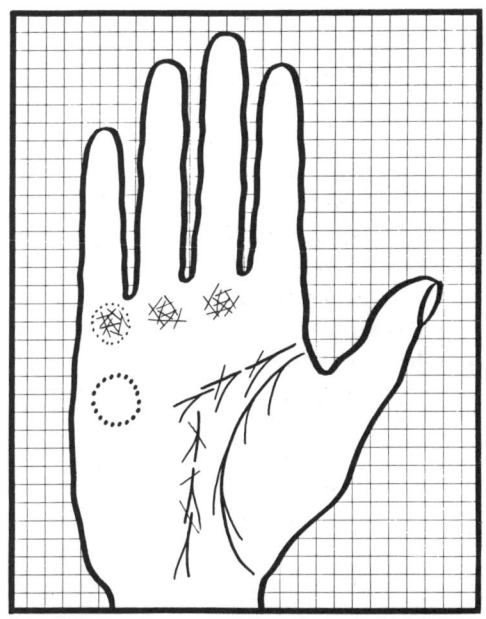

Erfolg im Beruf
minus

127

	Punkte	Linke Hand	Rechte Hand
16 Zeige- oder Mittelfinger sehr kurz	−1		
17 Abfallende Linien von der Lebens- oder Schicksalslinie	−2		
18 Kopflinie kurz oder in Richtung des Handgelenkes stark abfallend	−1		
19 Kopf- und Herzlinie fallen zusammen	−1		
20 Kopflinie durchschnitten oder mit Brüchen und Unterbrechungen	−3		
21 Abfallende Linien von der Kopflinie	−3		
22 Schicksalslinie läuft in Windungen nach oben	−1		
23 Schicksalslinie durchschnitten oder mit Brüchen und Unterbrechungen	−2		
24 Emotionslinie(n) zwischen Herz- und Kopflinie fehlen oder schwach ausgeprägt oder nach unten gebogen	−1		
25 Liebeslinie kettenförmig oder gebrochen	−1		
26 Großer Daumenberg schwach ausgeprägt und unklare verworrene Linien darauf	−1		
27 Zeigefingerberg schwach ausgeprägt oder unklare verworrene Linien darauf	−1		
28 Mittelfinger- oder Ringfingerberg mit unklaren verworrenen Linien	−2		
29 Kleiner Fingerberg fehlt oder schwach ausgeprägt oder unklare verworrene Linien darauf	−2		
30 Oberer Außenhandberg stark ausgeprägt und unklare verworrene Linien darauf	−3		
Minuspunkte:			

Auswertungstabelle
Erfolg im Beruf

	Linke Hand	Rechte Hand
Pluspunkte:		
Minuspunkte:		
Testergebnis:		

Das bedeuten die Punkte:

+9 und mehr Punkte

Ein Karrieretyp, der sich sehr hohe Ziele gesteckt hat und sie auch erreicht. Hat sehr viele Möglichkeiten und ist ausgesprochen vielseitig. Meistens auf mehreren Gebieten gleichzeitig sehr erfolgreich. +12 und mehr Punkte: Eine Ausnahmeerscheinung.

+3 bis +8 Punkte

Erfolgreich im Beruf, findet Anerkennung. Hat alle Möglichkeiten und Fähigkeiten, eine große Karriere zu machen. Weiß genau, was er will.

−2 bis +2 Punkte

Weiß, daß man etwas für seinen Erfolg tun muß, und handelt danach. Hat die Chance, erfolgreich zu sein; muß nur lernen, noch mehr an seinen Erfolg zu glauben.

−3 bis −8 Punkte

Nicht sehr erfolgreich im Beruf. Ihm fehlen wichtige Voraussetzungen, um vor allem dauerhaft erfolgreich zu sein. Um aufzusteigen, muß die Einstellung überprüft werden.

−9 und mehr Punkte

Sehr viele Fehlschläge und Mißerfolge im Beruf. Ihm fehlen entscheidende Voraussetzungen, um erfolgreich zu sein. Ist nicht bereit, sich vollkommen dem Beruf zu widmen. −12 und mehr Punkte: Ihm gelingt überhaupt nichts. Muß seine Einstellung völlig ändern.

Glück in der Liebe

	Punkte	Linke Hand	Rechte Hand
1 Finger weich, geschmeidig und beweglich	+1		
2 Ringfinger länger als der Zeigefinger	+1		
3 Lebens-, Kopf-, Herz- und Schicksalslinie bilden ein schrägliegendes M	+2		
4 Lebenslinie lang geschwungen ohne Brüche und Unterbrechungen	+1		
5 Herzlinie beginnt schon auf der Handkante	+3		
6 Herzlinie gabelt oder verzweigt sich am Anfang oder Ende	+3		
7 Herzlinie läuft auf den Zeigefingerberg	+1		
8 Abzweigung der Herzlinie läuft zum Ringfinger	+2		
9 Schicksalslinie beginnt im unteren Außenhandberg	+1		
10 Erfolgs- oder Glückslinie ausgeprägt	+2		
11 Liebeslinie klar und deutlich	+2		
12 Emotionslinie(n) zwischen kleinem Finger und Herzlinie ausgeprägt und nach unten gebogen	+2		
13 Großer Daumenberg ausgeprägt und klare Linie(n) darauf	+1		
14 Klare Linie(n) auf dem Zeigefingerberg	+1		
15 Ringfingerberg ausgeprägt oder klare Linie(n) darauf	+3		
Pluspunkte:			

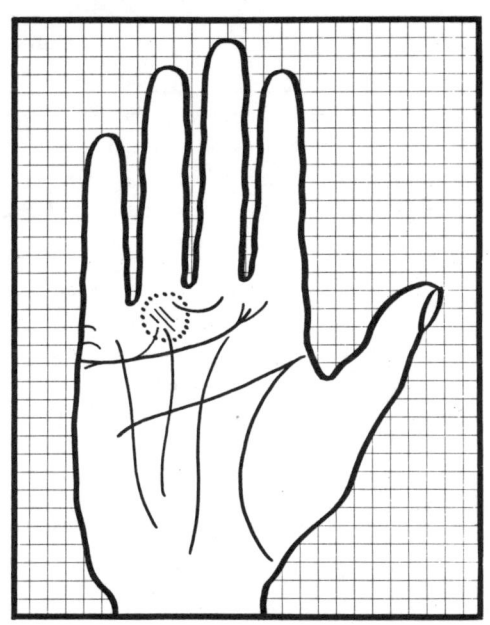

*Glück in der Liebe
plus*

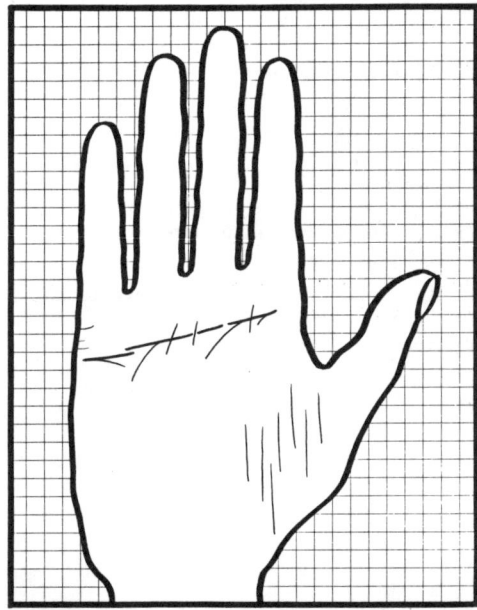

*Glück in der Liebe
minus*

	Punkte	Linke Hand	Rechte Hand
16 Daumen starr und unbeweglich	−1		
17 Mittelfinger sehr lang oder betont	−1		
18 Kopf- und Herzlinie fallen zusammen	−3		
19 Herzlinie läuft fast gerade über die Hand	−2		
20 Herzlinie durchschnitten oder mit größeren Brüchen und Unterbrechungen	−3		
21 Herzlinie kettenförmig oder ausgewaschen	−2		
22 Herzlinie undeutlich und schwach oder abfallende Linien von ihr	−2		
23 Emotionslinie(n) zwischen kleinem Finger und Herzlinie durchschnitten	−1		
24 Emotionslinien zwischen kleinem Finger und Herzlinie fehlen oder dünn und schwach	−2		
25 Emotionslinie(n) zwischen kleinem Finger und Herzlinie nach oben gebogen	−1		
26 Liebeslinie breit und ausgewaschen oder unterbrochen oder durchschnitten	−1		
27 Großer Daumenberg mit unklaren verworrenen Linien oder sehr tiefen senkrechten Linien	−2		
28 Kleiner Daumenberg mit unklaren verworrenen Linien	−1		
29 Zeigefingerberg mit unklaren verworrenen Linien	−1		
30 Ringfinger mit unklaren verworrenen Linien	−1		
Minuspunkte:			

Auswertungstabelle
Glück in der Liebe

	Linke Hand	Rechte Hand
Pluspunkte:		
Minuspunkte:		
Testergebnis:		

Das bedeuten die Punkte:

+9 und mehr Punkte

Sehr viel Glück in der Liebe. Findet in der Partnerschaft die voll-kommene Erfüllung. Macht nicht nur sich selbst, sondern auch den Partner glücklich. Für die Liebe geboren. +12 und mehr Punkte: Ein idealer Partner. Vollkommene Harmonie in der Liebe.

+3 bis +8 Punkte

Sehr viel Talent in der Liebe. Findet in ihr Glück und Erfüllung. Besitzt alle Fähigkeiten, sehr glücklich zu werden. Bleibt auch bei Schwierigkeiten immer optimistisch.

−2 bis +2 Punkte

Hat erfahren, daß das Glück der Liebe sehr wechselhaft und ver-gänglich sein kann. Ist fähig, Enttäuschungen schnell zu überwin-den. Könnte noch mehr für sein Glück tun.

−3 bis −8 Punkte

Kein Talent und Glück in der Liebe. Erlebt sehr häufig Enttäu-schungen. Sehnt sich nach Liebe und Geborgenheit. Ist aber nicht fähig und bereit, dafür etwas zu tun.

−9 und mehr Punkte

Sehr unglücklich und wankelmütig in der Liebe. Hat viele Enttäu-schungen und Rückschläge erlebt und ist deshalb momentan nicht zur Liebe fähig. Muß unbedingt seine Einstellung ändern. −12 und mehr Punkte: Unüberwindliche Schwierigkeiten, braucht dringend Hilfe.

Persönlichkeitsprofil

Um einen Überblick über Ihre Stärken und Schwächen zu bekommen, können Sie in die folgenden Tabellen Ihre Testergebnisse für die linke und rechte Hand getrennt eintragen. Haben Sie alle Testwerte für eine Tabelle ermittelt, verbinden Sie die Ergebnisse miteinander. Sie erhalten so Ihr Charakter-, Berufs- oder Partnerschaftsprofil.

Charakterprofil

Linke Hand
(Anlagen und Möglichkeiten)

	−16	−12	−8	−2	+2		+8	+12	+16
Realist									
Selbstbewußtsein									
Ehrgeiz									
Gemeinschaftsgefühl									
Begeisterungsvermögen									
Willensstärke									
Selbstbeherrschung									
Konzentrationsvermögen									
Zuverlässigkeit									
Aggression									
Angst									

fehlt — sehr schwach — schwach — durchschnittlich — stark — sehr stark — extrem stark

Charakterprofil

Rechte Hand (Fähigkeiten)

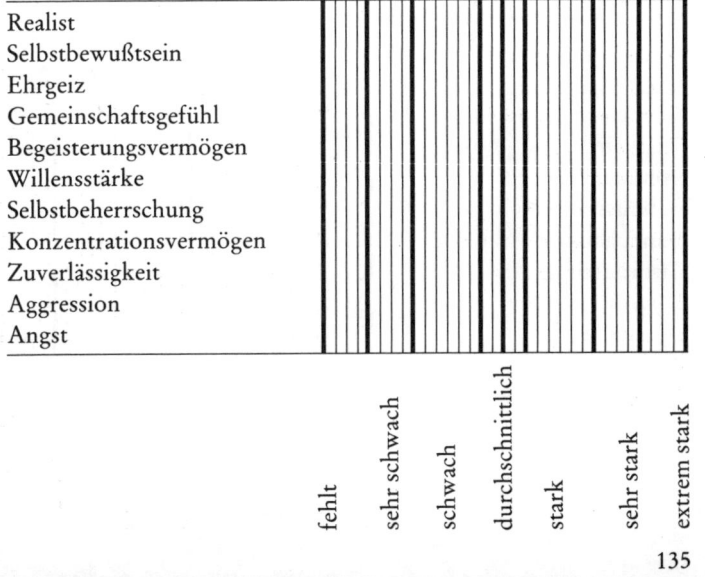

	−16	−12	−8	−2	+2	+8	+12	+16
Realist								
Selbstbewußtsein								
Ehrgeiz								
Gemeinschaftsgefühl								
Begeisterungsvermögen								
Willensstärke								
Selbstbeherrschung								
Konzentrationsvermögen								
Zuverlässigkeit								
Aggression								
Angst								

fehlt · sehr schwach · schwach · durchschnittlich · stark · sehr stark · extrem stark

Berufsprofil

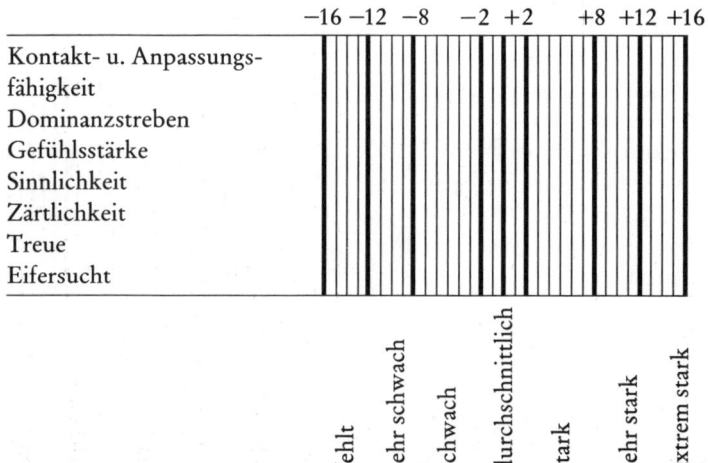

	0 +1+3 +5	+11	+18
Geistige Beweglichkeit			
Praktische Begabung			
Kaufmännische Begabung			
Wissenschaftliche Begabung			
Urteilsvermögen			
Künstlerische Begabung			
Ausdrucksfähigkeit			
Intuitive Begabung			

sehr schwach · schwach · durchschnittlich · stark · sehr stark · überragend

Partnerschaftsprofil

Linke Hand
(Anlagen und Möglichkeiten)

	−16 −12 −8	−2 +2	+8 +12 +16
Kontakt- u. Anpassungs-fähigkeit			
Dominanzstreben			
Gefühlsstärke			
Sinnlichkeit			
Zärtlichkeit			
Treue			
Eifersucht			

fehlt · sehr schwach · schwach · durchschnittlich · stark · sehr stark · extrem stark

Berufsprofil

Rechte Hand (Fähigkeiten)

	0 +1+3 +5	+11	+18
Geistige Beweglichkeit			
Praktische Begabung			
Kaufmännische Begabung			
Wissenschaftliche Begabung			
Urteilsvermögen			
Künstlerische Begabung			
Ausdrucksfähigkeit			
Intuitive Begabung			

sehr schwach
schwach
durchschnittlich
stark
sehr stark
überragend

Partnerschaftsprofil Rechte Hand (Fähigkeiten)

	−16 −12 −8	−2 +2	+8 +12 +16
Kontakt- u. Anpassungs-fähigkeit			
Dominanzstreben			
Gefühlsstärke			
Sinnlichkeit			
Zärtlichkeit			
Treue			
Eifersucht			

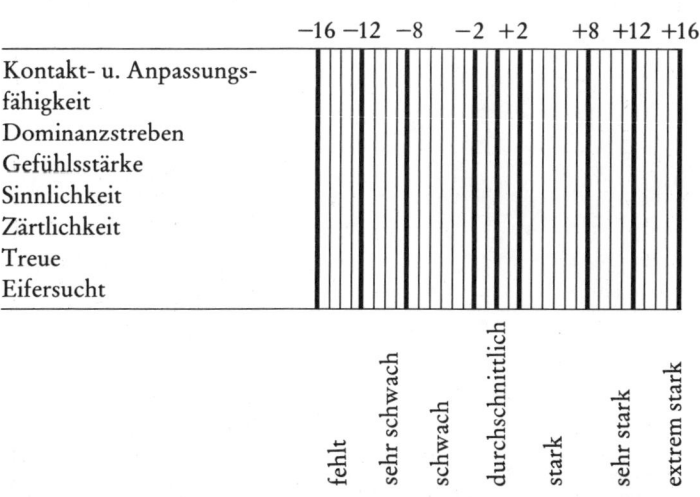

fehlt
sehr schwach
schwach
durchschnittlich
stark
sehr stark
extrem stark

Register

Aus Platzgründen mußten gehäufte Hinweise zusammengefaßt werden; z. B. »von S. 30–132 auf allen geraden Seitenzahlen«. In diesen Fällen kommt das Stichwort in dem genannten Intervall sehr häufig vor, jedoch nicht auf *jeder* der genannten Seiten.

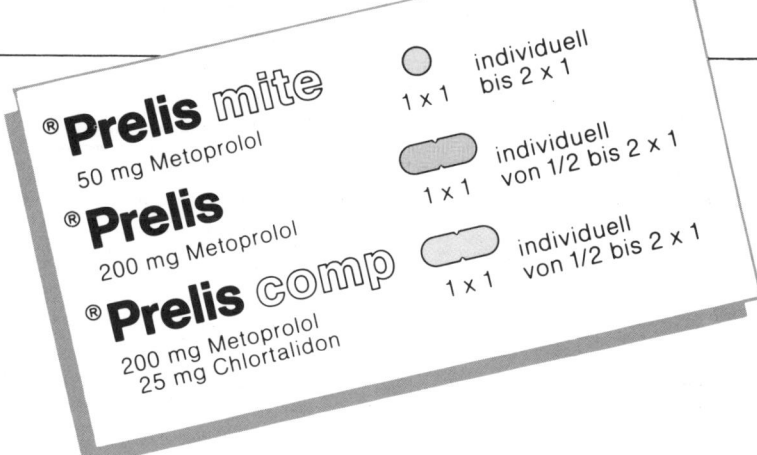

®Prelis mite 50 mg Metoprolol	○ 1 x 1	individuell bis 2 x 1
®Prelis 200 mg Metoprolol	⬭ 1 x 1	individuell von 1/2 bis 2 x 1
®Prelis comp 200 mg Metoprolol 25 mg Chlortalidon	⬭ 1 x 1	individuell von 1/2 bis 2 x 1

®**Prelis**

®Prelis mite/®Prelis/®Prelis comp

Für eine
gute Zukunft
ohne
Hochdruck

®Prelis mite
®Prelis
®Prelis comp

<u>Zusammensetzung:</u> 1 Lacktablette PRELIS mite enthält 50 mg Metoprololtartrat. 1 Retardtablette PRELIS mit Bruchkerbe enthält 200 mg Metoprololtartrat. 1 Retardtablette PRELIS comp mit Bruchkerbe enthält 200 mg Metoprololtartrat und 25 mg Chlortalidon. Indikationen PRELIS/PRELIS mite: Bluthochdruck, Angina pectoris, funktionelle Herz/Kreislaufbeschwerden (Hyperkinetisches Herzsyndrom), zur Akut- und Langzeitbehandlung bei und nach Herzinfarkt (Sekundärprophylaxe). Indikationen PRELIS comp: Bluthochdruck. <u>Kontraindikationen:</u> Sinusknotensyndrom, Sinuatrialer Block, AV-Block II. und III. Grades, nicht kompensierte Herzinsuffizienz, kardiogener Schock, schwere symptomatische Bradykardie, extrem niedriger Blutdruck, Asthma bronchiale, Spätstadien peripherer Durchblutungsstörungen. Bei Phäochromozytom nur bei gleichzeitiger Alpha-Blockade. Bei PRELIS comp zusätzlich Leberkoma, Niereninsuffizienz, Sulfonamidüberempfindlichkeit, therapieresistente Hypokaliämie. PRELIS/PRELIS mite sollten während der Schwangerschaft (besonders im ersten Trimenon) und der Stillperiode nur bei strenger Indikationsstellung angewendet werden. PRELIS comp im ersten Trimenon und während der Stillzeit nicht, im weiteren Verlauf nur bei strenger Indikationsstellung anwenden. <u>Nebenwirkungen:</u> Zu Beginn der Behandlung mit PRELIS/PRELIS mite können gelegentlich Kopfschmerzen, Schwindel, Müdigkeit, Magen/Darmstörungen, Schlafstörungen, gesteigerte Traumaktivität oder depressive Verstimmungen vorkommen, die leichter Natur sind und sich von selbst, evtl. unter Dosisreduktion zurückbilden können. Ganz vereinzelt treten Muskelschwäche, Wadenkrämpfe, Überempfindlichkeitsreaktionen der Haut, Pulsverlangsamung, Kältegefühl in den Gliedmaßen, Hypotonie, Herzinsuffizienz und AV-Überleitungsstörungen auf. Selten können sich Beschwerden bei intermittierendem Hinken, Raynaud'scher Krankheit verstärken. Bei asthmoider Bronchitis u. allergischer Rhinitis kann selten der Atemwiderstand erhöht werden. Kontaktlinsenträger sollten eine mögliche Minderung des Tränenflusses beachten. Bei PRELIS comp können vereinzelt Blutbildveränderungen auftreten. <u>Wechselwirkungen:</u> Die Wirkung von Insulin und oralen Antidiabetika kann durch PRELIS/PRELIS mite vereinzelt vermindert oder verstärkt werden. Die kardiodepressive Wirkung von Narkotika kann verstärkt werden. Die gleichzeitige Gabe von Verapamil kann zu verstärkter Blutdrucksenkung, und bei i.v.-Gabe zu Rhythmusstörungen führen. Cimetidin kann die Wirkung von PRELIS/PRELIS mite verstärken. MAO-Hemmer sollten nicht gleichzeitig mit PRELIS/PRELIS mite eingenommen werden. Clonidin erst nach PRELIS/PRELIS mite absetzen. Durch PRELIS comp kann die kaliumausscheidende Wirkung anderer Medikamente (z. B. Kortikoide) und die schädigende Wirkung von Lithiumsalzen verstärkt werden und sich die Empfindlichkeit gegenüber Digitalispräparaten erhöhen. Trizyklische Antidepressiva können die blutdrucksenkende Wirkung von PRELIS comp verstärken. <u>Dosierung PRELIS mite:</u> Bei milden Hochdruckformen 1 Lacktablette PRELIS mite am Morgen. Im übrigen 2 Lacktabletten PRELIS mite am Morgen. Bei Bedarf 1 weitere Lacktablette morgens oder abends. Angina pectoris: Im allgemeinen ein- bis zweimal 2 Lacktabletten PRELIS mite. Funktionelle Herz/Kreislaufbeschwerden: Im allgemeinen 1 Lacktablette PRELIS mite pro Tag. Falls erforderlich Dosissteigerung unter Blutdruckkontrolle auf zweimal täglich 1 Lacktablette. Zur Akut- und Langzeitbehandlung bei und nach Herzinfarkt: Morgens und abends jeweils 2 Lacktabletten PRELIS mite. Die Behandlung soll mindestens 3 Monate fortgesetzt werden. PRELIS mite ausschleichend absetzen. <u>Dosierung PRELIS:</u> Hypertonie: Im allgemeinen täglich 1/2 bis 1 Retardtablette PRELIS nach dem Frühstück. Angina pectoris: 1 Retardtablette PRELIS am Morgen, bei Bedarf Steigerung auf 2 Retardtabletten am Morgen. Bei nächtlicher Angina pectoris: 2. Retardtablette PRELIS abends. Funktionelle Herz/Kreislaufbeschwerden: Üblicherweise 1/2 PRELIS Retardtablette, falls erforderlich 1 Retardtablette pro Tag. Zur Akut- und Langzeitbehandlung bei und nach Infarkt (Sekundärprophylaxe): Nach der Akutphase 2 x 1/2 Retardtablette PRELIS/ Tag. PRELIS ausschleichend absetzen. <u>Dosierung PRELIS comp:</u> 1 Retardtablette PRELIS comp täglich am Morgen. Bei nicht ausreichender Wirksamkeit Erhöhung der Dosis auf bis zu 2 Retardtabletten. Bei milder Hypertonie kann 1/2 Retardtablette am Morgen ausreichen. PRELIS comp ausschleichend absetzen. <u>Hinweise:</u> Bei Diabetikern mit stark schwankenden Blutzuckerwerten und bei Patienten mit Azidose ist unter Behandlung mit PRELIS mite/PRELIS/PRELIS comp Vorsicht geboten. Bei einzelnen Diabetikern oder bei strengem längeren Fasten kann PRELIS mite/PRELIS/PRELIS comp die Warnsymptome einer Hypoglykämie unterdrücken bzw. verschleiern. Selten kann ein latenter Diabetes mellitus manifest werden oder ein bereits bestehender sich verschlechtern. Die Blutzuckerwerte sollten bei einer Dauertherapie deshalb regelmäßig überwacht werden. Bei entsprechender Disposition sind Blutzucker, Harnsäure, Blutfette zu überwachen. Bei langfristiger Anwendung von PRELIS comp sollten die Serumelektrolyte, besonders Kalium und Kalzium kontrolliert werden. Bei eingeschränkter Nierenfunktion sollte die Daueranwendung nur unter regelmäßiger Kontrolle der Laborwerte erfolgen. Bei Überdosierung soll bei zu starker Pulsverlangsamung (Bradykardie) wird die Verabreichung folgender Gegenmittel empfohlen: 1 mg Atropinsulfat i.v., bei ungenügendem Frequenzanstieg ein betastimulierendes Sympathikomimetikum. Auch Glukagon kann in einer Dosierung von 1–5 (10) mg gegeben werden. <u>Handelsformen und Preise PRELIS mite:</u> 20 Lacktbl. (N 1) DM 14,72; 50 Lacktbl. (N 2) DM 31,85; 100 Lacktbl. (N 3) DM 54,22; Anstaltspackung. <u>Handelsformen und Preise PRELIS:</u> 20 Retard-Tbl. (N 1) DM 28,31; 50 Retard-Tbl. (N 2) DM 64,26; 100 Retard-Tbl. (N 3) DM 116,03; Anstaltspackung. <u>Handelsformen und Preise PRELIS comp:</u> 20 Retard-Tbl. (N 1) DM 42,02; 50 Retard-Tbl. (N 2) DM 95,53; 100 Retard-Tbl. (N 3) DM 177,33; Anstaltspackung.

(mühle) **Brunnengräber** Lübeck

Stand: April 1987.